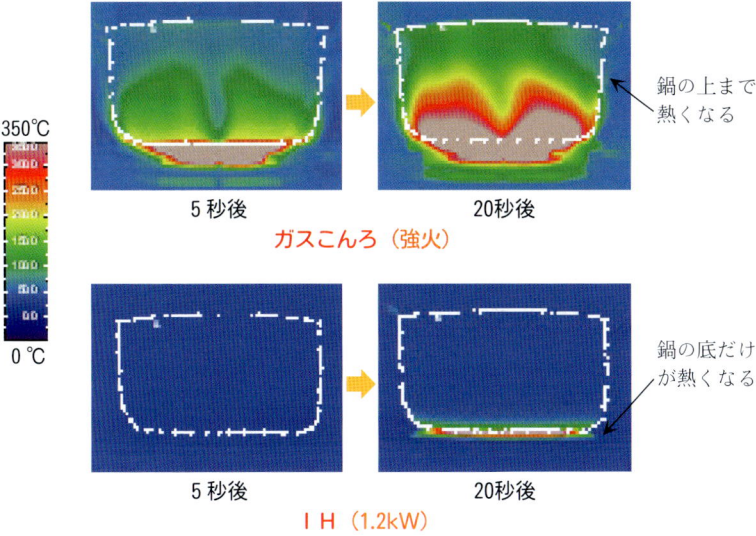

- それぞれの熱源に鍋（実験なので，中には何も入れていない）をかけて，5秒と20秒後の鍋の側面の温度をサーモグラフで測ったもの。
- IHヒーターでは20秒後には底だけが熱くなっていて，側面はほとんど温度が上がらないが，ガスこんろでは20秒後には鍋の上まで100℃ぐらいになっている。

写真1　鍋側面の温度分布の違い（ガスこんろとIH）

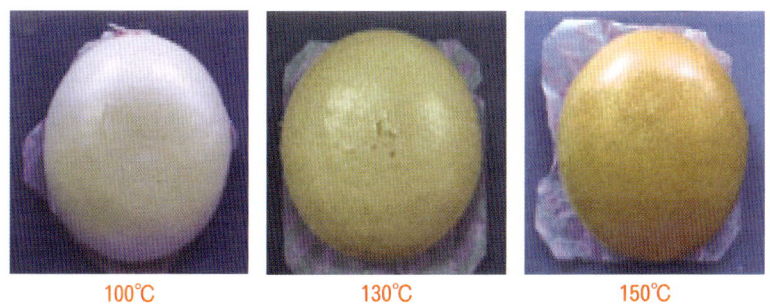

- 中のあんこが70℃になるまでスチームコンベクションオーブンで温めると，100℃以上の高い温度では外側に焦げ目がつく。
- 所要時間は温度を高くしてもほぼ同じ，約9分。

写真2　スチームコンベクションオーブンで温めた中華饅頭

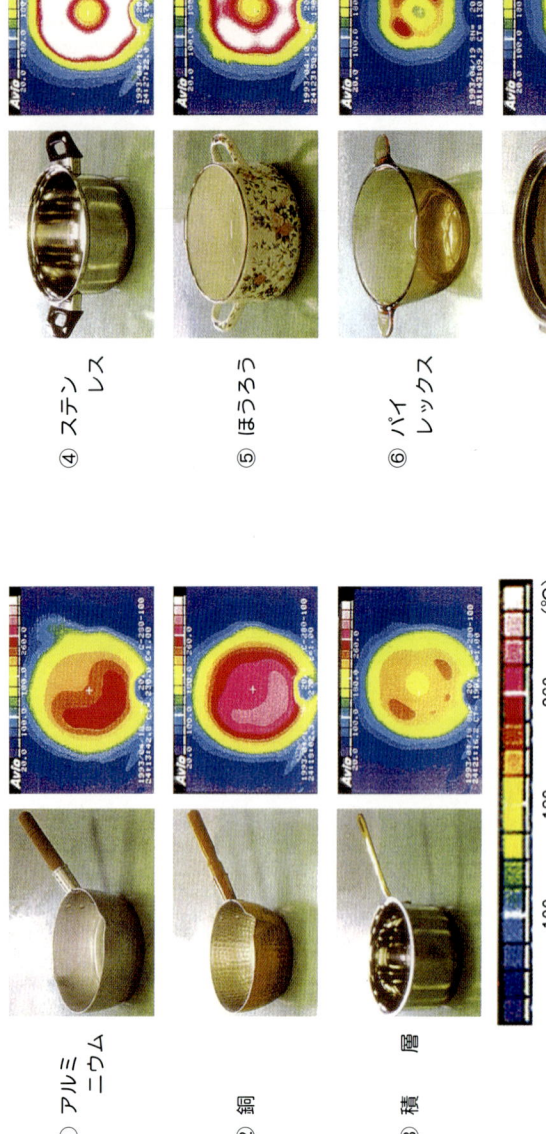

① アルミニウム
② 銅
③ 積層
④ ステンレス
⑤ ほうろう
⑥ パイレックス
⑦ 土鍋

100　180　260 (℃)

- アルミニウムや銅はむらが少ない。積層の鍋は厚いので温まりにくいが、温度むらはほとんどない。
- ステンレス、ほうろうは焔のあたる部分の温度がとくに高くなっている。
- 土鍋、ガラス鍋（パイレックス）は温まりにくく、温度むらが激しい。

★ 各種の鍋をガスこんろ強火にかけて1分加熱したときの鍋底の温度分布

写真3　鍋底の温度分布

まえがき

　おいしい食べ物を作ることができて，家族や仲間で一緒に食べることはとても楽しいことである。

　料理作りの技術は昔から伝承されているものが多いのだが，それぞれの操作には「なぜ」そのような方法を取るのかそれなりの理由がある。先輩の方々が，この"なぜ"を解決するために「調理科学」という学問分野を打ち立ててくださった。すでに40年以上前のことである。私もその一端に参加させていただいて，35年くらいの月日がたった。

　調理の中で加熱は重要な操作であるにもかかわらず，当時，加熱の研究は必ずしも進んでいなかった。天ぷらの揚げ温度は180℃が適温であることやオーブンの温度管理などについてはすでに教科書に書いてあって，実際にそのように行われていたが，オーブンで同じ温度に設定しても機種によって焼き上がりが違うことについては何も書いてなかった。このことを疑問に思ったことが，食品への熱の伝わり方（伝熱）・加熱調理の研究を始めるきっかけになった。次々に新しい疑問や面白い現象に出会って，その理由を知るための実験を重ねることができた。

　幸せなことに，横浜国立大学という職場を得て，これらの疑問について，若い学生さんと共に謎の紐解きをすることができた。貴重な実験結果を得ることができたのは，一緒に実験を行った人たちのおかげである。また，このような研究にも関心を寄せてくださる方々があり，国や企業などの研究助成金を得られたことも

幸いした。そのうえ，伝熱理論や高度の測定や分析の技術などについては，大学内外の方々から多くのご指導をいただき，協力をいただくことができた。

これまでに得られた加熱に関するいろいろな知見は，必ずしも一般の方々には知られていない。このような本を出すことで，調理を面白いと感じ，そして「どうして？」と思っている方の参考になれば大きな喜びである。

本のタイトルから，料理の作り方の本だと思われる方もあるかもしれないが，そうではない。料理のハウツウを決めるための，その"根っこ"の部分について記述したものである。"根っこ"がしっかりすれば，ハウツウである幹も葉っぱも茂るはずである。

今，食生活のあり方が問題になり，食育が求められている。そして，家庭や個人の生活での調理離れが言われている。人間は食べる行為なしには生きられないし，食べることは楽しく，充実した生活を築くために欠かせない生活行為である。しかし，食べるための準備や調理は，楽しくもあり，毎日のことで面倒でもある。この本を読んでくださった方の加熱調理への理解が深まり，調理することがより楽しいことになるために，少しでも役立つことを願っている。

本シリーズを企画され，執筆するように声をかけてくださった日本調理科学会刊行委員会に御礼を申し上げると同時に，編集に携わってくださった建帛社岡田恵子氏，楽しいイラストを書いてくださった金澤貴子さんに感謝します。

2009年6月

渋川祥子

目　次

第1章　台所の火　今むかし　　1

1. 薪から炭へ……………………… 2
2. 石炭や石油の利用……………… 4
3. 主役はガスこんろに…………… 5
4. 電気を煮炊きの熱源に………… 7
   1．電気の消費量の増加　7
   2．電気こんろ　8
   3．ＩＨ（電磁調理器）　8
5. 便利な熱源を上手に使って豊かな食事………………………15

第2章　じっくり加熱とさっと加熱　　17

1. 何のために加熱する？…………18
   1．栄養的な価値を上げる　18
   2．おいしくする　20
   3．安全にする　21
   4．温かくする　21
2. **食品の種類と加熱の方法**……………22
   1．何度まで加熱する？　22
   2．食品の中の熱の伝わり方　26
3. 料理の加熱の分類………………28
   1．じっくり加熱　28

2．さっと加熱　*28*
　4　**水からゆでる？熱湯でゆでる？**……29
　　1．水からゆでる　*30*
　　2．お湯を沸かしてからゆでる　*32*

第3章 「チン！」ででき上がり！　35

　1　**食品が発熱する**………………………36
　2　**電子レンジの得手・不得手**…………38
　　1．器に入れたまま加熱できる　*38*
　　2．短時間加熱が得意　*40*
　　3．均一加熱は苦手　*44*
　　4．普通の加熱とは違うものができる　*46*
　　5．周囲が熱くならない　*52*
　　6．エコクッキングになる？　*53*
　3　**賢い電子レンジを賢く使う**…………54
　　1．冷凍食品の解凍に使う　*54*
　　2．焦げをつくる　*55*
　　3．加熱むらを起こさないように　*56*
　　4．スチームの助けを借りる　*57*
　　5．自動機能を上手に使う　*57*

第4章 オーブンレンジって何？　59

　1　**オーブンレンジの誕生**………………60
　2　**オーブンってどんなもの？**…………61
　　1．オーブンはいつごろから
　　　使われている？　*61*

2．オーブンはどんな働きをする？　*65*
　3　オーブンと電子レンジの
　　同居を利用……………………………76
　　1．肉類を焼く　*77*
　　2．菓子類を焼く　*78*
　　3．オーブンレンジの賢い使い方　*80*

第5章　「水で焼く」ってほんとう？　　83

　1　過熱水蒸気のパワー………………84
　　1．過熱水蒸気はどんなもの？　*84*
　　2．水蒸気で加熱する　*85*
　　3．過熱水蒸気で加熱する　*86*
　　4．水蒸気で加熱しても食品は乾くか？　*86*
　　5．「過熱水蒸気」は「酸素なし加熱」　*88*
　2　過熱水蒸気を利用した調理機器……89
　3　スチームコンベクションオーブンと
　　スチームオーブンの向き・不向き…92

第6章　遠赤外線加熱の「なぞ」　　103

　1　「見えない光」が熱を伝える………104
　　1．赤外線が熱を伝える　*104*
　　2．遠赤外線って何？　*105*
　2　遠赤外線加熱の特徴　……………109
　3　石窯焼きの特徴　…………………115
　　1．いろいろな石窯の特徴　*117*
　　2．石窯焼きパンの特徴　*119*

第7章 なぜ？うなぎは「炭火焼き」にするのか　123

1　炭火のパワー　……………………124
2　炭火焼きはおいしいか？　…………128
　1．炭火と同じ火加減をつくる　*128*
　2．焼き色やかたさなどが違うか？　*129*
　3．においが違う？　*130*
　4．排ガスの成分が違う　*134*

第8章 鍋の品定め　137

1　高価な鍋・安い鍋　………………138
　1．鍋の材質　*138*
　2．鍋の特徴　*141*
　3．どんな料理にどんな鍋を使う？　*146*
2　スカートをはいた鍋（保温鍋）……148
3　圧力高めて時間を短縮（圧力鍋）…151
　1．圧力鍋の構造　*151*
　2．圧力鍋の向き・不向き　*153*

索　引　………………………………………157

第1章
台所の火　今むかし

かまどは台所の守り神
台所には昔から"火"があった！

1 薪から炭へ

　有史以前から，人間は火を使って食物を煮炊きして生活している。そのための火は暮らしのなかで大切なものであり，食料を確保することと同時に燃料の確保もひとつの仕事だった。燃料としては，まず木やわらなどの植物が利用された。主として木が使われ，薪（まき）と呼ばれている。寒い地域では暖（だん）をとるために火が燃やされ，その火が調理にも利用された。そのような地方ではいろりを囲んでの生活で，暖房と炊事用が一体だった。暖をとる必要のない地方でも，台所にかまどを築いて薪を燃やし煮炊きを行った。

　薪に代わって木炭（もくたん）（炭（すみ））が台所で使われるようになった歴史は，それほど古くない。木炭は，木材を高温で蒸し焼きにして炭化させたものであり，**薪に比べて煙が出ないし，火力も強く，扱いはずっと楽**である。炭そのものは，古く縄文時代から存在し，主として製鉄などに使用されていたといわれている。平安時代には貴族階級や寺院では炭火で煮炊きを行っていたとされているが，一般の家庭で使用されるようになったのは，近世中期以降といわれている。茶の湯の発達とともに木炭の品質も向上し，木炭の消費が増え，家庭

炭　俵

では木炭と薪の両方が使用された時代が続く。

その後、**ガス**の普及とともに、木炭の消費量は減少した。現在も、ほんの一部では炭が使われているが、それは台所用の主な熱源ではなく、茶の湯や一部の焼き物調理に使用されている程度である。燃料以外に、脱臭、水の浄化などにも使われているが、炭の生産量、消費量はわずかになった。

木炭は台所燃料としては、主に**七輪**と呼ばれる道具で利用された（写真1-1）。土を固めて焼いた土器で、下の穴から空気を送り、さな（穴のあいた板状のもの）の上に置いた炭を燃焼させる仕組みである。なぜ、この道具が「七輪」と呼ばれるかの由来については、一度の煮炊きに使う炭の代金が"7厘"（1厘は1/1,000円）と経済的だったからとか、丸い形をしていたからといわれている。現在も焼き物調理のためや、非常用の加熱道具として一部で販売されている。また、「やっぱり焼き物は炭火焼きがおいしい！」との感覚から、業務用の大型の長方形のものや家庭の卓上で焼きながら食べるためのおしゃれな七輪も市販されている。

木炭を台所熱源とすることは、薪を使うことに比べれば、煙が出ず、火力も強く非常に改善されたことになるが、現在の感覚で考えるとけっこう手間のかかるものである。火をつけるにも手間がかかる。まず、燃えやすく細く割った木や紙などに火を

写真1-1　七　　輪

つけ，その上に炭を置いて火をつける。慣れないとむずかしい技術である。もっとも現在，炭を使うとすれば，ガスこんろの焰（ほのお）で火をつけるとか，着火剤を使うなどの方法があるが。使い終わったあとには，燃えカスの灰（はい）が残る。たぶん現在の生活では，その捨て場所に困るかもしれない。

　調理の立場から考えても，炭を使う場合には一度火をつけると最後まで使い続けないともったいないことになる。主婦は一度火を熾（おこ）すと，順序を考えながら調理を進めなくてはならなかった。たとえば，煮物をし，続いて汁物をつくり，焼き物をつくり，残り火でお湯を沸（わ）かすといった具合である。どうしても火が不必要になったときには「火消し壺（つぼ）」に燃えている炭を移して消さなくてはならなかった。火消し壺は陶器などの焼き物や鉄の壺で，蓋（ふた）がぴったりできるものである。火のついた炭はその中に入れると，蓋をすることで酸素不足になり火が消える。

2　石炭や石油の利用

火消しつぼ

　「化石燃料」である**石炭**や**石油**が直接台所用の燃料として利用されたこともある。明治から大正にかけて，石炭からつくった「コークス」や「練炭（れんたん）」が使用された。**コークス**は石炭を高温で処理（乾留）したものであり，**練炭**は石炭の粉を円筒状に固め，蓮根（れんこん）のように縦にたくさ

んの穴の開いた形のものである。練炭を使うための「練炭火鉢（ひばち）」というものもあった。今もアウトドアなどで一部使用されているが，寒冷地を除いては，これらが台所の熱源として使用された期間は短い。しだいに，化石燃料を原料とした都市ガスやプロパンガスに変わっていった。

3 主役はガスこんろに

　台所用の燃料として**ガス**が使用されるようになったのは古くは明治であり，当時は一部の上流階級の台所で使用されていた。一般に広がり始めたのは昭和に入ってからであり，**都市ガス**や**プロパンガス**（LP ガス）が普及し始めて，台所の熱源は使いやすくきれいなものに変わっていった。

　なにしろガスは，マッチ一本で火が着くし，灰は残らないし，使い終わればすぐに消すことができる。おまけに好みの火加減に調節することができる。そして，薪や炭のように蓄えておく

昔の家屋と薪

場所がなくてもよいし，灰を捨てる必要もない。**ガスの普及は，暮らし方にも家の構造にも，画期的な影響を与えるものだった。**

都市ガスは配管が必要であるが，その設備ができない地方でもプロパンガスが使われるようになり，台所の熱源はガスという時代が続いた。

ガスこんろは最初は朝顔形の鋳物（いもの）（鋳型に金属を流し込んでつくる）が主流であったが，現在はバーナーの形は大小いろいろあるし，火力の調節が細かくできるもの，自動消火の装置がつき，天ぷら火災などを防ぐため高温になると自動的に火が消え

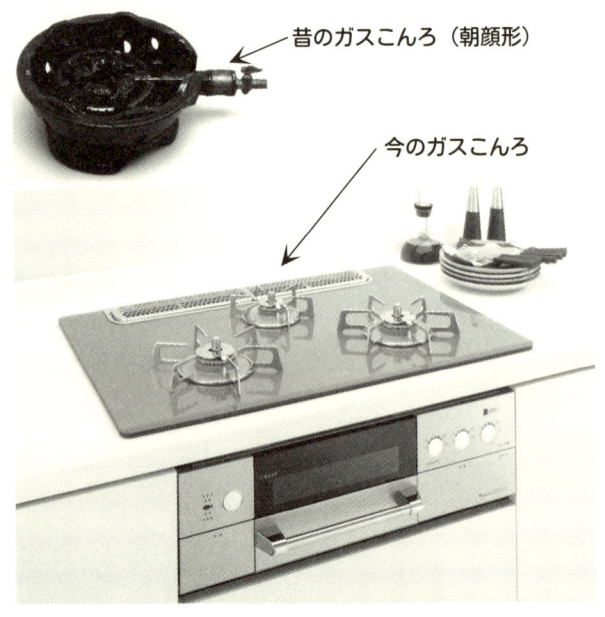

昔のガスこんろ（朝顔形）

今のガスこんろ

写真1-2　ガスこんろ　今むかし
（資料提供：東京ガス株式会社）

るもの，途中で火が消えても生ガスが漏れないような立ち消え防止装置のついたもの，鍋をかけないと点火できないものなど，いろいろな安全装置がついている（写真1-2参照）。しかも火力の調節や消火が自動的にできるタイマーがついているもの，鍋内の温度管理ができる（天ぷらの温度調節や自動炊飯ができる）ものまである。掃除しやすいようにトッププレートはスムーズな材質が使われ，五徳やバーナーも取り外しがしやすいなど，いろいろと工夫されたものが販売されている。ガス台の火口の数は，複数個になり，現在の日本では火口が3個のガス台が多い。たいへん便利になったものである。しかし，西欧諸国の台所の火口はもっと多く，4個とか6個とかである。

4 電気を煮炊きの熱源に

1．電気の消費量の増加

住居が大きく変わって，高層の建物がつくられ，エネルギー源を**電気**に頼る全電化マンションが増えてきた。生活全体で使用する電気量がどんどん増えている。そのなかで，台所熱源としても電気を使用することが多くなってきた。電気を熱源として使うと炭のような灰はおろか，ガスこんろのような排気ガスも出ない。炎もないし，ガス漏れの心配もなく安全である，**クリーンで安全なエネルギー源**ということになる。しかし，日本では家庭への配電は主として100V（ボルト）であるため，使える出力は

ほぼ1.5kW(キロワット)程度のエネルギーなのでガスに比べて火力が弱い。「電気は火が弱くて…」という印象が強かった。その欠点を補うために,現在は**200Vの電源**が引き込まれている家庭が増えてきている。

2．電気こんろ

電気を台所のエネルギー源とするときには,以前は**電気こんろ**を使用した。電気こんろはニクロム線をばね状に巻き,それを陶板(とうばん)の上にぐるぐると這(は)わせたものであった。ニクロム線に煮汁などがこぼれると断線を起こすことから扱いにくく,改良されて現在はニクロム線のまわりを鋼(はがね)のカバーで覆った形のもので黒い管が渦巻き状になったものやそのうえを黒い金属板で覆ったヒーターが使われている。**ヒーターが発熱**するのだが,温まるには時間がかかるし,一般的に日本の家庭には100Vの電気が供給されていて,その出力も限界があるので,電気こんろは火が弱い(加熱速度が遅い)という実感がある。そのうえ,供給されたエネルギーを利用する率(熱効率)も低いので,あまり便利な熱源ではない。これらはワンルームマンションなどの簡単な熱源として今も一部で使われている。

3．IH（電磁調理器）

IHとは,Induction Heaterの頭文字をとったもので,日本語に直訳すれば,「誘導ヒーター」ということになるが,この機器がつくられたときに**電磁調理器**と日本名がつけられた。

開発されたのは昭和30年代であるが,当時はまだまだ高価な

ものであり、なかなか普及しなかった。急激に普及し始めたのは最近のことである。**ガスこんろを押しのける勢いでぐんぐんと普及率が伸びている。**電気こんろと比べると、火力が強く、電気こんろの欠点をカバーしているし、表面はフラットでいかにもクリーンな感じがする。現代的なマンションのきれいな台所にはイメージ的にはぴったりかもしれない。たぶん、これからもどんどん需要が伸びていくものと思われる。

これから家をつくる人や台所を改造しようと思っている人は、さて熱源は、ガスか電気かどっちにしようか?と考えるだろう。「IHとガスこんろとの特徴を比較」してみよう。

① **発熱の仕方が違う**　ガスこんろは、バーナーでガスと空気が混合されて燃えて熱が出る。IHでは、トッププレートの下にドーナツ型の磁力発生コイルがあり、通電すると磁力線が出る。その磁力線を受けて鍋底に電流の渦ができ、その電気抵抗で**鍋底が発熱**する(図1-1参照)。したがって、発熱する

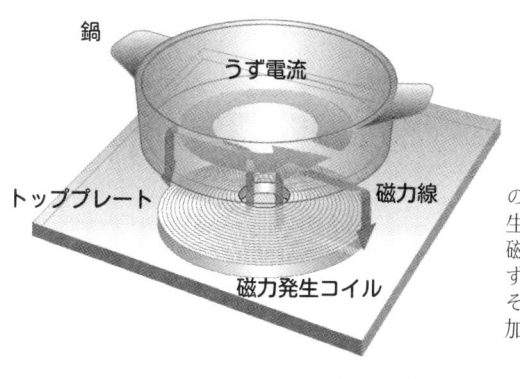

トッププレートの下にある磁力発生コイルから出た磁力線で鍋底にうず電流が発生し、その抵抗で鍋底が加熱される。

図1-1　IHの発熱原理

のは鍋底であり、電気こんろに比べればずっと速く加熱され、熱効率もよい。しかし、ガスこんろに比べると100Vの電源では、1.2kWの出力しかないので、火力が弱く（加熱速度が小さく）、ほぼガス火の中火程度となる（図1-2参照）。200Vの電源を使用すれば、2.5kWの出力のものが使えるのでガス強火と同じくらいの火力を得ることができる。現在、電化マンションなどでは200Vの電源が使われている。

② **使える鍋が違う**　IHは発熱するのが鍋底なので、発

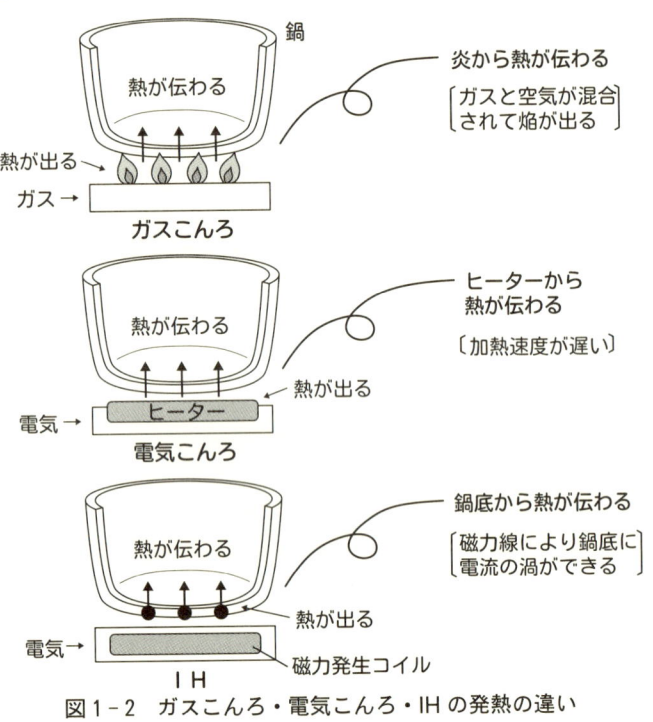

図1-2　ガスこんろ・電気こんろ・IHの発熱の違い

熱しやすい材質の鍋しか使えない。主に鉄を含む金属の鍋（鉄鍋やステンレス，ほうろうの鍋）でないと発熱しない。銅やアルミニウムの鍋は金属でも発熱しにくい性質なので使えないし，金属性以外の土鍋やガラスの鍋も使えない。これまで日本の台所に最も普及している鍋は，アルミニウムの鍋なので，これまでの愛用の鍋がお蔵入りの憂き目に会う。しかし，今は，土鍋やガラス鍋，アルミニウムの鍋などに「IH対応」として，鍋底に鉄を貼りつけたり埋め込んだりしたものが売り出されている。また，IHの新製品では，「オールメタル」と称してどの金属でも使えるヒーターがつくられている。これは，磁力の発生を強化する工夫がされた機種である。しかし，アルミニウムの鍋を使用したときの火力は弱くなるようである。

鍋の形にも制約がある。鍋底が発熱するためにはドーナツ型の磁力発生コイルの上の位置で鍋底とトッププレートが密着していないと発熱しない。そこで極端に小さい鍋や，底が平らでない鍋は使えないことになる。一般の中華鍋は使えないという

IHには平らな鍋を使いましょう

4 電気を煮炊きの熱源に

のはそのためであり，IH専用の鍋底の中心部が少し平たい中華鍋がつくられている。古くなって鍋底がでこぼこになっている鍋も，効率が悪くなる。

③ 鍋の温度むらが違う　ガスこんろで加熱すると「鍋底」の焔のあたる部分が加熱され，焔のあたる部分が最も温度が高くなるが，IHでは磁気発生コイルの**ドーナツ型に鍋底が熱くなる**（写真1-3）。フライパンで焼き物をしたときに磁気発生コイルの上の部分が焦げやすくなる。たとえば，ホットケーキがドーナツ型に焦げたりする。鍋底の加熱むらを少なくして，焦げむらをなくすには，厚手の鍋を使うことで解決できるが，これはガスこんろもIHも同じである。

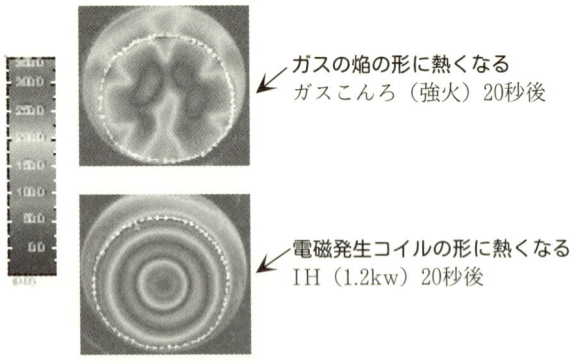

ガスの焔の形に熱くなる
　ガスこんろ（強火）20秒後

電磁発生コイルの形に熱くなる
　IH（1.2kw）20秒後

● IHヒーターとガスこんろに鍋を乗せて20秒後の温度をサーモグラフで測った。
● IHヒーターは電磁発生コイルの形に，ガスこんろはガスの焔の形に熱せられている。

写真1-3　鍋底の温度分布の違い
（ガスこんろとIH）

また,「鍋の側面」については, ガスこんろでは, 焰からの熱が鍋底を包み, 側面にもまわるため, 側面まで熱くなるが, IHでは鍋底がドーナツ型に発熱し, その熱が伝わっていくので**側面の温度の上がり方が遅い**（口絵写真1参照）。このことは, 鍋の取っ手の温まり方の差になる。ガスで加熱した鍋の取っ手は熱くなり, 材質によっては鍋つかみが必要になるが, IHではあまり熱くならないので素手でつかめることが多い。これは便利である。

　④　**鍋振りができない**　　鍋の中の材料を混ぜたり, 火加減を調節するために, 鍋を熱源から持ち上げて動かす操作（**鍋振り**）は, 料理名人の技である。しかし, IHでは鍋とトッププレートが接触していないと発熱しないし, 鍋が離れると通電しない仕組みなので, この操作ができない。料理の腕に自信のある人には見せ場がなくちょっと寂しいことになる。

　さいわいに, IHには細かく火力調整ができるようにボタンがたくさんついているので, こまめに火力を調節したり, トッププレートの上で置いたまま前後左右に動かしたりして鍋振りの代わりにすることができる。

　鍋振りができないことがIHの欠点とされたため, 最新の機種では改良されて, 少し持ち上げても電源が切れることのないものがつくられ始めている。機器の開発は日進月歩である。

　⑤　**クリーン性の違い**　　**排気ガス**が出るか, 出ないかの大きな違いがある。部屋の空気を汚さない点はIHの大きな利点である。そのほか, **掃除のしやすさ**の差がある。IHではトッププレートが平らで, 強化ガラスなどの表面のスムーズな板で

つくられているので，料理をしたあとでさっとひと拭きすればきれいになる。現在はガスこんろのトッププレートも改良されて，IHと同様の汚れにくい材質になっているし，五徳やバーナーなども掃除がしやすい形になってはいるが，この点はちょっと勝てない。

さっとひとふき，おそうじラクチン

⑥　どちらが環境にやさしい？　　どのくらい効率よくエネルギーを利用しているかを表す指標として**熱効率**を使う。これは供給されたエネルギーがどのくらい煮炊きに利用されているかを示す値であり，いろいろな条件（火加減の強さや鍋の形や大きさなど）によって違ってくる。ガスこんろではよくてもおおよそ50％程度である。IHの広告をみると，90％くらいの値が書かれている。

家庭に供給されたエネルギーの利用という身近な視点で考えれば，エネルギーを無駄にしないで煮炊きに利用できる点では，これは圧倒的にIHの勝ちと思われる。ただ，熱効率は算出の

条件（計算に鍋を温めるエネルギーを入れるか入れないかなど）をそろえた場合にはもう少し近い値になるともいわれているし，視野を広げてエネルギー源の問題（どのような方法で発電したかとか，どのように天然ガスを運搬したかなど）まで考えると，問題は複雑・難解である。ここではちょっと荷が重すぎるので，単純にどちらが省エネルギーかという議論は差し控えておこう。

また，CO_2（二酸化炭素）排出の問題も台所内や家庭内だけに限ってCO_2が出るか出ないかといえば，排ガスが出ないのはIHであるが，環境問題としてCO_2排出を云々するときには単純な比較はむずかしい。

5 便利な熱源を上手に使って豊かな食事

　食べ物を料理しおいしく食べるために不可欠な台所の熱源は，エネルギー源に電気を使うかガスを使うかに関係なく，飛躍的に**便利に清潔**になった。それにもかかわらず，「家庭での料理離れ」が話題になったりしている。このことからもわかるように，便利になって，昔よりも料理づくりが盛んになったかといえば，必ずしもそうではない。料理離れには，いろいろな理由があるが，そのひとつは「上手につくれない」からである。調理の仕方を科学的視点から的確に理解することが，「お料理上手」になる近道である。調理の科学を頭で理解して技を覚えたいものである。

　熱源が便利になったと同時に，調理をするときの**適切な温度**や**火加減**は，調理科学の成果で明らかになっているものがある。

たとえば，**天ぷらを揚げるときの油の温度**については，「普通の食材」は180℃がよいが，えびなどに「薄い衣をつけてさっと揚げたいとき」にはもう少し高温の200℃くらいがよいとか，「厚みのあるいもの天ぷらを揚げるとき」には160℃くらいがよい。また，おいしいご飯を炊くときの火加減についてもよく研究されていて，これは自動炊飯器の設計に生かされている。常識的な厚さの**ホットケーキを焼くときの鉄板**（フライパン）**の温度**は180℃がよい，などである。これらの知識と温度コントロールの利(き)く便利な器具を組み合わせると，だれでも失敗なくおいしい料理をつくることができる。

　台所熱源の進歩を十分に利用して，豊かな食生活に結びつけたいものである。

●参考資料●

- パンフレット　IHヒーターとガスこんろの比較資料，「台所熱源は，『ガスこんろ』それとも『IHヒーター』」，日本調理科学会　加熱調理研究委員会，2006年7月

第2章
じっくり加熱とさっと加熱

適温で
さっと揚げて！

じっくり
煮込んで！

1 何のために加熱する？

　熱源のない台所はない。料理をつくるときにはほとんど煮たり，焼いたり，温めたりする操作が入る。これらの操作は何のためにしているのだろうか。その目的は1つではなく，いろいろある。

1．栄養的な価値を上げる

　食品の成分のなかには，生のままで食べたのでは消化吸収の悪いものがある。代表的なものとして，**でんぷん**（米，小麦粉，いも類などに多く含まれている）があげられる。私たちは，生きていくために必要なエネルギーの多くをでんぷんに頼っているが，この成分は**加熱しないと体内での利用価値が著しく低い**のである。

　米や小麦粉，いもなどは多くのでんぷんを含んでいて，煮て食べることが常識になっている。でんぷんは植物の中に蓄えられる成分であるが，粒の形で存在して，このままでは人間は十分に消化できない。でんぷん粒に水と熱を加えて大きく膨らませる（糊化させる）ことによって*消化酵素が働きやすくなり，栄養的な価値が向上する*。

　そのために，米や小麦

ほかほか汁物

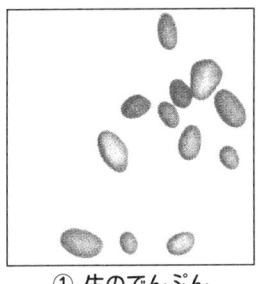 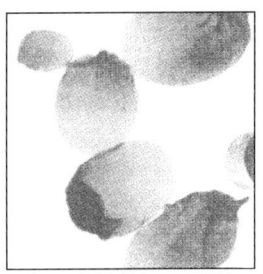

① 生のでんぷん　　② 5分間煮たでんぷん

じゃがいものでんぷんを5分間熱湯の中で加熱すると大きく膨らむ。

写真2-1　糊化によるでんぷん粒の変化

粉を原料とする食べ物は水を加えて加熱する必要がある。**米飯**を炊くときは水を吸わせて炊飯器で加熱するし、**小麦粉**に水やその他の副材料を加えて麺をつくってゆでたり、パンをつくるときには焼いたりする。いも類もでんぷんを膨らませるために、ゆでたり焼いたりするが、もともといもの中には水がたくさん含まれている（80〜90％）ので、とくに水を吸収させないでそのまま加熱することができる。

　でんぷんは加熱するのとしないのでは、消化吸収が大きく異なって栄養的な価値が違うが、他の成分ではそれほど大きな違いはない。魚や肉は、主として含まれている栄養成分はたんぱく質であるが、これらは加熱によって栄養的な価値に大きな差は出ない。たとえば、焼き魚と刺身で消化のための時間は違うけれども、栄養的な価値に大きな差はない。加熱して食べるのはほかの理由による。

　油脂は温度によって溶けて液状になったり固まったり変化す

るが，加熱したからといって消化吸収率が変わって栄養的な価値が上がるということはない。

その他の成分であるビタミンの一部は壊れたり，流れ出たりして栄養効果の下がることがある。また，無機質（ミネラル）は加熱することによって流れ出て，一部失われることがある。しかし逆に，加熱することによって食品の組織がやわらかくなり，食品中に含まれているこれらの成分の体内での利用率が高まるということもある。

2．おいしくする

人間の味覚はうまくできていて，栄養的価値の高いものをおいしいと感じることが多いようである。生のいもや米をかじってもおいしいとは感じないが，加熱して消化吸収のよくなった米飯や蒸しいもは**おいしい**と感じる。また，加熱することによってかたくて食べにくかったものが，やわらかくなって食べやす

加熱するとおいしくなるよ

くなることもおいしく感じる大きな要因である。

　魚や肉も加熱すると，生の場合とは違うおいしさを感じる。味の成分も少し変わるし，口ざわりも大きく変わることが原因である。また，加熱すると，においの成分も変化して風味の変化が起きることは，料理をつくるうえでの加熱の大きな特徴である。

　加熱調理をするときには調味料をいっしょに加えて味つけをすることが多い。**調味料のしみ込み方**は温度が高いほうがはやいので，味をつけるためにも加熱は役立っている。

3．安全にする

　食べ物はまず**安全**であることが必要である。食べ物が危険なものになる原因のひとつは，*微生物が繁殖*することである。微生物は高温にすることで死滅するので，そのために加熱する。これが最も大きな目的のひとつであろう。そのほか，好ましくない成分を取り除くために加熱することもある。ゆでてまずい成分を流し出してしまう操作を行う。たとえば，山菜の**アク抜き**などである。

4．温かくする

　食べ物には**おいしいと思う適度な温度**があって，温かいとおいしいものも，冷たくておいしいものもある（表2-1参照）。昔からよくない待遇を受けることを「冷や飯を食う」というが，温かいご飯がおいしいことをよく表している。寒いときに熱い食べ物を食べることは，身も心も温まるものである。おいしく

豊かにものを食べられるように，食べ物を温めることも加熱の大きな役割である。

表2-1 食べ物，飲み物の適温

種　類	適　温（℃）
炭酸飲料	5
冷水，ビールなど	10
温めた牛乳	50 ～ 60
お酒のかん	50 ～ 60
茶碗蒸し	60 ～ 65
一般の温かい飲み物	60 ～ 65
かゆ	35 ～ 45
冷奴など冷たい食べ物	10 ～ 15
ゼリーやプリン	5 ～ 10
アイスクリーム	－5 ～－10

（参考；山崎清子ほか：調理と理論，p.529, 同文書院, 2003）

2　食品の種類と加熱の方法

1．何度まで加熱する？

　一般に「でんぷんを含む食品」は加熱して食べる。米などの**穀類，いも類**，栗などの**種実類**である。これらは，でんぷんが煮えた状態になる（糊化する）温度まで加熱する必要がある。食べられるまで，どのくらいの温度で，どのくらいの時間加熱するかは，その食材の性質や大きさによって違う。

　米類やいも類や豆は，中のでんぷんが十分に糊化すると同時に組織がやわらかくなるまで加熱する必要がある。食品から取

り出したでんぷん（たとえば，片栗粉）は70℃くらいで糊化するが，食品の中に含まれているでんぷんはもう少し高い温度が必要であるし，組織がやわらかくなるためには，温度が高いほうがはやくやわらかくなるので，**食品の内部の温度は100℃近くまで上がる必要がある**。食材の形が大きいときは，中まで熱が伝わって100℃近くになるには時間がかかるので，長い時間加熱する必要がある。こぶし大のじゃがいもを切らないでそのままの形でゆでるとしたら，たぶん30分くらいは加熱しないと中までやわらかくならないだろう。大きいと時間がかかる。じゃがいもは皮つきのままゆでると香りもよく，おいしいといわれているが，それにもかかわらず，多くの場合切ってゆでるのは，時間短縮のためである。

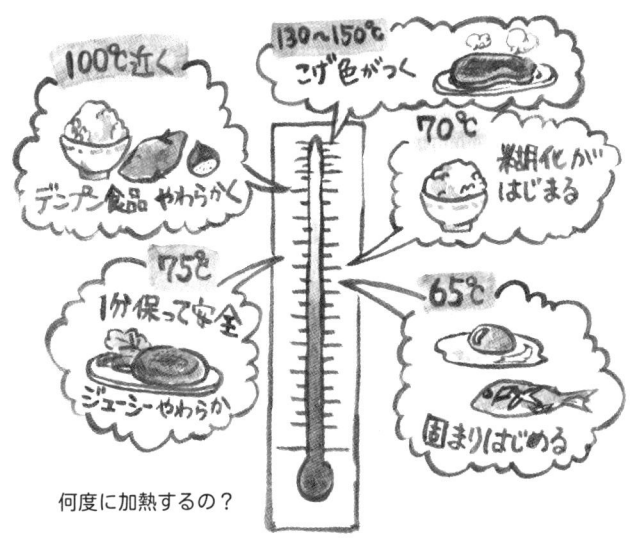

何度に加熱するの？

肉や**魚**，**卵**のように，「たんぱく質を主成分とする食品」の場合は，それほど高い温度まで加熱する必要がない。たんぱく質の多くは，熱によって性質が変わる（**たんぱく質の熱変性**）。いわゆる煮えた状態になるのであるが，そのための温度は，魚，卵などでは65℃くらいから変化が起こり始めて，80℃にもなると十分に変化して固まっている。もっと高い温度まで加熱するとかたくなってしまう。そのためやわらかさを残すにはあまり高い温度にならないほうがよいということになる。魚を焼くときやハンバーグを焼くとき，中の温度が上がりすぎないほうが，内部はジューシーでおいしいよ，ということになるのである。ただ，大量調理などで食中毒を防ぐために，微生物を死滅させる目的で75℃を1分以上保つことが「大量調理衛生管理マニュアル」で決められている。衛生上のことを考えれば，高い温度まで加熱したほうが安心であるが，これはおいしさの面では必ずしもおすすめではない。衛生的に安全を考えて，90℃以上になるように十二分に加熱すると，かたい肉やかたいハンバーグになってしまう。**安全で，味も損なわない程度**（75℃1分ぎりぎり）**に加熱**することが大切である。

　もっとも，肉などの場合には高い温度で長時間加熱して組織を形成している成分（コラーゲン）などを分解してやわらかくする方法もある。この場合は，長い時間100℃くらいの温度で加熱を続ける。ビーフシチューの肉をやわらかくするためにコトコト煮たりするのはその一例である。

　野菜や**果物**など「植物性の食品」は，加熱をすると組織が軟化してやわらかくなる。歯ざわりを残したいときには，長時間

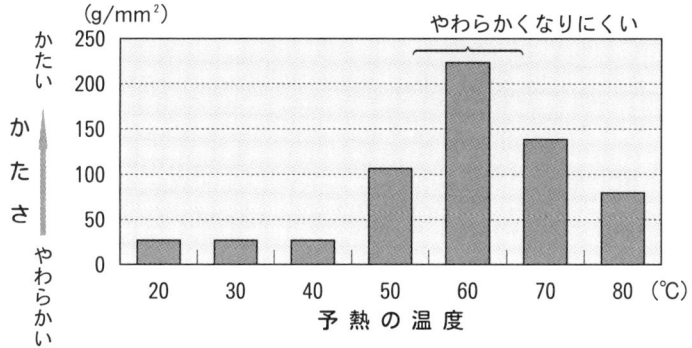

- 各温度に1時間保った（予熱）後，98℃で30分加熱したときのかたさを示している。
- 50〜70℃の温度に保っておいたものは，その後加熱してもやわらかくなりにくいことがわかる。

図2-1 予熱による硬化
（渕上倫子：臨床栄養，71，1 より作成）

の加熱は行わないが，やわらかくしたいときには長い時間加熱する必要がある。もちろん，温度は高いほうがはやくやわらかくなる。

おもしろい現象としては，植物性の食品は中途半端な温度（60℃くらい）ではちょっとかたくなることである（図2-1参照）。私たちは気がつかないけれど，**野菜を煮ると初めはちょっとかたくなってから，それに続いてやわらかくなる現象**が起きているのである。また，50〜60℃に保っておくとその後高い温度で加熱してもやわらかくなりにくいことも起こる。中途半端に加熱して（煮始めてから途中で火を消してしまったりして）から，後でいくら煮ても十分にやわらかくならないという場合がある。

2 食品の種類と加熱の方法　25

この現象を逆手にとって「煮崩れを起こさない」ために，60℃くらいの温度に少し保っておいてから煮るという方法もある。

これらの現象は，野菜の組織の中に含まれている**ペクチン**という物質のためである。ペクチンは複雑な構造をしていていろいろな性質の仲間があるのが，60℃くらいの温度で保っておくとやわらかくなりにくい性質の成分が増えるためである。

2．食品の中の熱の伝わり方

食品の中の熱の伝わり方(熱の伝導)は遅いので，形が大きいとその分長く時間がかかる。熱の伝わり方の速度（**熱伝導率**）を比較すると，水と食品はほぼ同じで，およそ金属の約1/100から1/1,000くらいである（表2-2）。

表2-2　物質の熱の伝わり方
（熱伝導率 W/m・K）

物質名	熱伝導率
空気	0.03
水	0.61
金属（鉄）	80.30
肉　（牛肉）	0.52
魚　（さけ）	0.50
野菜（にんじん）	0.61
パン	0.07

それぞれ物質によって熱の伝わりやすさには違いがある。身近な物で熱を伝えにくい物は空気であり，空気の中の熱の伝わり方は，水の1/20以下である。防寒のために空気をいっぱい含んだ綿入りや羽毛入りのジャンパーを着るが，これは空気が熱を伝えにくいことを利用しているのである。でも，水や空気

は自由に動くことができるので，温まった部分が上に上がり，温度の低い部分が下に下がって熱が移動（対流）するから，水や空気の中の熱の伝わり方は遅くても，動くことで熱は比較的はやく伝わる。鍋で水を加熱するときには比較的はやく沸くのはこのためであるが，食品の場合は固体なので中で自由に動くことができないので熱の伝わり方はゆっくりである。

食品によって熱の伝わる速さは，多少は差があるが，金属と食品との違いを考えると食品の種類による差は小さいものである。食品の中の熱の伝わり方はどれも遅いと考えて間違いないが，成分の違いや空気をたくさん含むかどうかで熱の伝わり方が変わってくる。

熱の伝わり方の特徴を生かしておもしろい料理をつくることができる。**アイスクリームの天ぷら**というのをご存知だろうか。**これは空気をたくさん含む食品の熱の伝わり方が遅いことを利用した料理**で，アイスクリームをカステラやパンなどのふわふわした空気をたくさん含んだ食材で包んで油で揚げると，外に焦げ色がつくくらい熱くなっても（130℃くらい），中の温度はまだ0℃以下であるために，このような温かさと冷たさをあわせもつ料理をつくることができるのである。意外性があっておいしく楽しい料理である。

アイスクリームの天ぷら
外側はアツアツ，きつね色，中は甘くて冷たい

3 料理の加熱の分類

お料理を「じっくり加熱」と「さっと加熱」の2つに分類してみよう。

1．じっくり加熱

十分に火を通して中まで温度を上げ，やわらかくし，味を十分にしみ込ませたい料理は**じっくり加熱**になる。食材が大きいものもこの仲間である。時間をかけるので初めは強火でもいいのだが，沸騰後（または一定の温度になってから）は焦げつきや，激しい沸騰による吹きこぼれや煮崩れを防ぐために，火加減を調節する必要がある。

［じっくり加熱の代表］

　　シチュー類：ビーフシチュー，その他のシチュー類
　　煮　　物：おでん，煮豆
　　米　　飯：普通の米飯，お粥(かゆ)
　　特殊な揚げ物：鯉(こい)の丸揚げ
　　スープストック：西洋料理のストックや中華料理の湯(タン)
　　焼　き　物：石焼きいも

2．さっと加熱

高温まで加熱してやわらかくする必要はないけれど一応加熱したいもの，表面は加熱されている（焦げている）けれど，中の温度は上がりすぎていないもの，薄く切ったもの，中からう

ま味成分などを流れ出させたくないので表面に膜をつくりたいものなどは**さっと加熱**になる。強い火加減で短時間で処理することが多い。

[**さっと加熱の代表**]
　炒　め　物：中華料理の炒め物
　揚　げ　物：天ぷら，そのほか中まで加熱する必要のない揚げ物
　ゆ　で　物：湯引き（魚などの表面だけにさっと火を通す），下調理としてのゆでこぼし，色だし（青物の色を鮮やかにするためにさっと熱湯を通す），ブランチング（菜っ葉などを冷凍する前に軽くゆでる）
　　　　　　　　青菜をゆでる
　焼　き　物：干物の焼き物，薄切り肉の焼き物
　あぶり焼き：のりを焼く

4　水からゆでる？熱湯でゆでる？

ゆでるとき，**水から入れる**か，**熱湯に入れる**か，迷うことがあるのではないだろうか。

「ゆでる」調理法は，一般的によく使われる最も簡単な加熱法であるが，このとき鍋に水を入れて，食品もいっしょに入れてしまう場合と，水を沸騰させてから入れる場合がある。

1. 水からゆでる

　代表的なものは**卵をゆでる**ときである。卵はゆで方によって，半熟卵や温泉卵，ゆで卵でも黄身の中まですっかり白っぽくポロポロするように固まったものや，中が少しやわらかく濃い山吹色(ぶきいろ)が残ってねっとりしているものなど，いろいろなゆで具合のものがあり，バッチリと好みのものをつくるのはむずかしい。

　卵の固まり具合は，温度によって決まるので，中が適温になるまでの時間がわかれば上手につくることができる。ほんとうは熱湯の中に入れると熱湯の温度は100℃と決まっているし，卵の大きさもだいたい同じなので，「ゆで時間〇〇分」とコントロールしやすいのだが，それでも卵は水から入れる。水に入れると水の温度の上がり方は，鍋の大きさや水の量，火加減によって違うので，「〇〇分ゆでればいいですよ」という風に簡単にいかない。***湯の温度が80℃になってから12分ゆでると固ゆでになります***ということになる。湯の温度80℃を見極めるのは，温度計がないとむずかしい。

　「卵を水から入れる理由」は，ゆでているときに***卵の殻(から)に亀裂が入り，中身が出るのを防ぐ***ためである。卵の中には若干の空気も入っていてゆでて温度が上がると膨張して外に向かって圧力がかかる。卵の殻はかたくて膨らむことができないので，殻に弱い部分があるとそこから亀裂が入るというわけである。熱湯に入れると膨張がはやく起こり亀裂が入りやすいが，水から入れると温度が徐々に上がり，その間に卵の殻にあるごく小さな穴から中の気体が逃げるので，圧力のかかり方が小さくな

り亀裂ができにくくなる。卵をゆでているときに鍋の中を見ると，卵から小さな泡がたくさん出て空気が逃げているのがわかる。亀裂が入らないようにゆでる前に卵の丸いほうの端に穴をあけておく方法があり，そのための「エッグパンチ」とい道具もあるが，これを使っても水から入れたほうが割れにくくて安心である。

　ついでに，**温泉卵は70℃の湯に25分くらい浸けておく**とでき上がる。白身は完全に固まらず，黄身は山吹色のまま球状を保つくらいのねっとりした固まり方になる。いろいろ工夫してこの条件をつくれば，だれでもバッチリ温泉卵がつくれる。専用の家電製品もあるが，厚手の鍋やジャーを利用して，この条件をつくる方法もある。

温 泉 卵
黄身は丸く，ねっとり
トロリとした白身

　じゃがいもをゆでるときにも水から入れることが多い。これは，卵ほどはっきりした理由はないが，じゃがいもの**煮崩れを防ぐ**ためである。じゃがいもは，でんぷんが煮えるために十分に高い温度になる必要があるので，ある程度時間がかかる。熱湯に入れると外側は最初から高い温度になるが，中の温度はなかなか上がらないため，その間ずっと外側は高温にさらされることになり，過度の加熱によりやわらかくなりすぎて煮崩れが

起こりやすくなる。図2-2は，じゃがいもを水から入れたときと熱湯に入れたときの外側の部分と中心の部分の温度を示したもので，熱湯に入れるとその温度差が大きくなることを示している。煮えるための時間は熱湯に入れたほうが少しはやいが，煮崩れは起こりやすくなる。

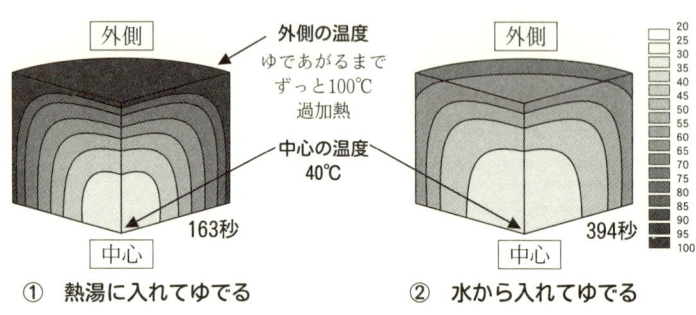

外側	**外側の温度** ゆであがるまで ずっと100℃ 過加熱	外側
	中心の温度 40℃	
163秒		394秒
中心		中心

① 熱湯に入れてゆでる　　　② 水から入れてゆでる

- 円筒形のじゃがいもをゆで，8つに切ったものの断面の温度分布を示したもの。
- 中心の温度が40℃になったとき，外側の温度は，水から入れてゆでたものは55～60℃程度であるが，熱湯に入れてゆでたものは100℃になっている。
- ゆで上がるまで外側はずっと100℃になっているため，熱湯に入れたものは過加熱になり，煮崩れを起こしやすい。

図2-2　ゆでるときのじゃがいもの温度分布

2．お湯を沸かしてからゆでる

青菜をゆでるときは，多めの水を沸かして「沸騰してから」入れる。これは**青菜の色素（クロロフィル）は加熱によって退色しやすい**性質なので，**できるだけゆで時間を短縮**するためである。同じ理由でゆで上げたものはできるだけはやく温度を下

げたほうが色がよい。水で冷やす方法がよいが，水につけっぱなしでは栄養成分やうま味が逃げていくので，冷えたらすぐに取り上げよう。

　パスタや乾麺などをゆでるときも湯を沸かしてから入れる。これは，簡単にいえばパスタや麺類は小麦粉を固めたものであるので，熱湯に入れて**外側のでんぷんを速く煮えた状態にして**（糊化させて）**麺の形を保ちながら水を吸わせる**ためである。

　湯引きやブランチングのようなさっと加熱のゆで物は，熱湯に入れることになる。

ほうれん草は沸騰したお湯で
さっとゆでる

第3章
「チン!」ででき上がり

冷凍食品を「チン!」で解凍
すぐに手軽に食べられる!

1 食品が発熱する
電子レンジの加熱の原理

　電子レンジの普及率は今や90％を上まわり，どこの家庭でも電子レンジを何の不思議もなく使っている。でも，電子レンジの歴史は意外に短く，使われるようになったのは，昭和30年代の後半からである。現在の60歳代の人の子ども時代には電子レンジはなかったのである。

　第2次世界大戦のころ，兵器としてレーダーを研究していたときに，研究者がポケットに入れていたチョコレートがやわらかくなったことから発見され，これが電子レンジの研究の始まりであるという話は有名である。戦争のあとで，生活面での利用が工夫され，今では生活に欠かすことのできない家庭用の機器になった。

　電子レンジが家庭電気製品として初めて市場に出てきたころは，たいへん高価なもので，「夢の調理器具」として宣伝された。それまで食品を加熱するときには，炭やガスなどを使った熱源が必ずあり，その熱源の熱を鍋や網を使って食品に伝えるのがあたり前のことだったのだから，熱い火がないのに，スイッチを入れて「チン！」と音がすると食品が温まるのを最初に見たときには，だれもがびっくりしたものである。

　電子レンジは，英語では**マイクロウェーブオーブン**（microwave oven）と呼ばれている。このほうが，電子レンジという呼び方よりも「原理」に合っているように思われる。私たちの生活には光をはじめとして電磁波がたくさん利用されているが，

電子レンジも**電磁波を利用したもの**である。電磁波のうち，波長の比較的長い部分ではあるが，**極超短波（マイクロ波）**と呼ばれる部分があり，ある種の物質を発熱させる働きがある。このマイクロ波に対しての物質の挙動は3つに分けられる。①金属などのようにこれを**反射してしまうもの**，②紙や陶器のように**透過してしまうもの**，③水や食品のように**吸収して発熱する**（電磁波のエネルギーが熱となる）ものの3種類である。この**食品がマイクロ波を吸収して発熱することを利用した**のが電子レンジである。

　だから，電子レンジ加熱では**熱源は食品**ということができるだろう。食品の中には多くの場合たくさんの水が含まれていて，**この水が発熱の主役**を務める。マイクロ波があたると水の分子は激しく動く。この分子が激しく動くこと自体が発熱現象であるから，食品が熱くなる。もちろん食品中の水以外の分子も激しく動いて発熱するものがある。

　電子レンジの中には**マグネトロン**という電磁波の発生装置があって，そこから2,450MHz（メガヘルツ）のマイクロ波が照射され，食品に吸収されるとそこで熱になる。マイクロ波は，通信などにも使われているから（p.106，図6-1参照），電子レンジに使用する波長は自由に使うことはできず，国際的に決められていて，日本では「2,450MHz」と決まっている（2,450MHzという波長は，1秒間に24億5,000万回振動するもので，波長の長さは12cmである）。

　電子レンジでの**食品の温まり方はたいへんはやい**のが大きな特徴である。電子レンジが最初に売り出された時代には「秒速

1　食品が発熱する

加熱です」というキャッチフレーズが使われた。他の加熱法では熱が食品の外から中へ伝わっていくが，食品の中の熱の伝わり方は遅いので，中心の温度が上がるまで時間がかかる。しかし，電子レンジではマイクロ波が吸収されたその場で発熱し，食品の中を熱が伝わっていく時間が必要ないからである。「温まり方」は，**食品の量や食品の成分がもっている電磁波に対する性質**（損失率，損失係数ともいう），**電子レンジのワット数**によって変わる。

電子レンジの中で発生している電磁波は，私たちの体にも影響するので，電子レンジは決して扉を開けたままでは使用できないように「安全装置」がしっかりついている。

2 電子レンジの得手・不得手
電子レンジ加熱の特徴

1．器に入れたまま加熱できる

電子レンジは食品の*再加熱が得意*である。冷えてしまったお弁当（金属の弁当箱に入れたものはだめ）をそのまま電子レンジで「チン」とすると温かく食べられる。これは他の加熱法ではなかなか真似(まね)ができない。**食器に入れたまま温められるのは**，電子レンジの大きな特徴である。

むかし，お弁当を温めるには，耐熱性のある金属のお弁当箱に入れたものをストーブなどの上において温めたこともあるが，時間もかかるし，金属以外のお弁当箱では無理だった。

冷たいご飯や牛乳を温めるにも，茶碗やマグカップに入れてそのまま電子レンジで「チン」すれば数分で温まってしまう。電子レンジを使わないで温めるには，昔はどうしていただろうか？　ご飯は茶碗に入れて蒸し器で蒸したり，牛乳は小鍋で温めてカップに入れるという手間がかかった。

　これは，**食器の材質**である「陶磁器」がマイクロ波を通してしまう性質のためである。したがって，「マイクロ波を通してしまう材質」のガラスや紙，プラスチック類であれば，食品を入れたまま加熱できる。ただ耐熱性のないプラスチックの場合は，熱くなった食品の熱で変形してしまったり，ガラス容器は割れたりするので，材質の耐熱性をよく調べてから使用する必要がある。とくにプラスチックは熱に弱いものが多いので，要注意である。だいじょうぶだと思って温めたのに容器が変形したり，溶けたりする失敗が起こる。

　「金属」はマイクロ波を反射してしまうから，金属製の食器や容器に入れたものを温めることはできない。たとえば，アルミ箔で包んだおにぎりを「チン」しても，全く温まらない。マイクロ波はアルミ箔で反射されておにぎりまで届いていないのである。金属の器でも蓋をしていなければ，上部からマイクロ波が入るので温まるが，時間が少し長くかかる。また，陶器でも金や銀で美しい模様がついているものは使えない。電子レンジで「チン」している間にパチパチとスパークして，薄くついている金や銀がはがれてしまうからである。高価な陶器が台なしになる。**電子レンジで使える容器等と使えない容器等**の一覧表を示した（表3−1）。

表3-1 電子レンジで使える・使えない食器や容器等

分類	材質	注意事項
使えるもの	陶器や磁器	金や銀の模様のついているものは使えない
	耐熱ガラス	ガラスでも耐熱性が低いものは割れることがある
	耐熱性のプラスチック容器	必ず耐熱性をチェックする，物によっては変形したりする
	紙や木	濡れていると熱くなる
	耐熱性のラップフィルム	耐熱温度に注意する
注意を要するもの	普通のガラス	割れることがある
	漆器	剥がれることがある
	ラップフィルム	耐熱性の低いものは溶けることがある
	プラスチック容器	変形することがある
使えないもの	アルミ箔	
	金属製の食器や容器	

2．短時間加熱が得意

 発熱の原理で説明したとおり，**電子レンジ加熱ははやい**ことが特徴である（図3-1参照）。なんといってもすぐに温まるのはたいへんありがたい。はやいことは便利なことに違いないが，「時間が短くて十分」ということは，間違って長く加熱しすぎると不都合が起きるということでもある。

 ご飯を温めるとき，お茶碗1杯のご飯は600W（ワット）ではだいたい1分くらいで温かいご飯になるが，これを5分も6分も温めてしまうと，電子レンジから出したときはアツアツ，ちょっと置

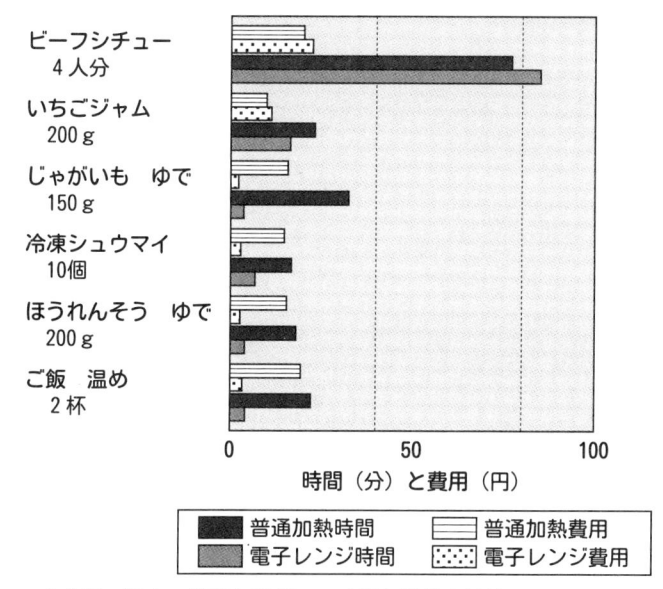

図中ラベル:
- ビーフシチュー 4人分
- いちごジャム 200g
- じゃがいも ゆで 150g
- 冷凍シュウマイ 10個
- ほうれんそう ゆで 200g
- ご飯 温め 2杯
- 0　50　100
- 時間（分）と費用（円）
- ■ 普通加熱時間　▨ 普通加熱費用
- ▨ 電子レンジ時間　▨ 電子レンジ費用

●少量の温めや簡単な調理では時間も経費も節約できる。
●量が多くなると時間も費用も節約にならない。

図3-1　電子レンジと普通加熱の所要時間と費用の比較
（日本電気工業会調べより作成）

くとカチカチにかたくなってしまう。これは**水分が蒸発する**と同時に，**加熱しすぎによる硬化現象**が起きるためである。硬化現象は，パンを温めた場合にもよくみられる。温かい焼きたてのパンはほんとうにおいしいものである。温かい焼きたてパンの再現をねらって，電子レンジで「チン」することはよくあることだが，時間をかけすぎると，出したパンは，ふにゃふにゃアツアツ！，まもなくカチカチになる。これが，電子レンジによる硬化現象の典型的なものである。

こんな失敗をしないように**ワット数**と**加熱時間**をセットする必要がある。最近の電子レンジには親切な自動機能がついていて，使うことの多い，「ご飯温め」や「飲み物温め」は自動キーを押すと自動的に温めてくれる。これは**重さセンサー**や**赤外線センサー**などによってコントロールされている。

　一般の家庭用の電子レンジの多くは，600Wか500Wのものが多いが，新しい機種では，800W以上の出力もついていて，切り替えのできるものが増えている。出力が大きいと同じ量の場合，加熱時間は短くなる。このごろの加工食品には，温め方として，ワット数ごとに所要時間が書かれているものが増えているが，**ワット数によって必要な時間が違うことに注意して**いないと温めすぎて思わぬ失敗が起きてしまう。

　「加熱に必要な時間」は**量**によって違う。電子レンジの場合は，**量が多くなるとほぼ比例して時間が長くなる。**この点も注意する必要がある。

　たとえば，「さつまいもを蒸して食べる」ことを考えてみよう。「蒸し器」で加熱すると1本200gくらいの大きさのさつまいもは25〜30分くらい時間がかかる。「電子レンジ」で加熱すると5〜8分くらいで食べられるようになる（残念ながら味はちょっと落ちるけれど）。さつまいもを3本に増やしたとき，蒸し器では時間ほとんど変わらないが，電子レンジでは約3倍の時間がかかり，蒸す場合と大きく変わらなくなる。量が多くなると，時間が短いというとり得は，少なくなっていく。**量が少ないときに，はやさの特徴を発揮できる。**

　電子レンジでは，加熱時間が短縮されるので，時間のかかる

調理すべての時間短縮になるだろうと考えてしまうかもしれないが，そうとは限らない。

　たとえば，「豆を煮る」ように時間のかかる調理に電子レンジを使うとどうだろうか。ふつう，豆（たとえば，うずら豆）を煮るときには，まず水につけて十分に水を吸わせ，それから「鍋」でコトコト加熱する。加熱中にも水を吸いながらやわらかくなる。そこで，水を吸わせた豆を水に入れて「電子レンジ」で加熱してみると，思いがけないものができることがある。豆の周辺部はやわらかくなっているが，中心はいり豆状の煮豆である。煮豆としては食べられないため，そのままゆで水につけておくと水を吸ってなんとかやわらかくはなるが，鍋でつくる煮豆としてのおいしさには勝つことができない。これでは，電子レンジで煮豆をつくることがよい方法とはいえないだろう。

　この「電子レンジによる煮豆の現象」では，いったい何が起こっているのであろうか。水も豆自体も同時に加熱されて，水の温度が上がるころには豆の温度も高くなっている。連続して加熱することで豆の中から水が蒸発し，**水の中にありながら脱**

電子レンジは煮豆には向かない

水が起こっていり豆状になる。水に接している周辺部だけは水を吸うため、このようなものができるのである。

　では、煮豆はつくれないかというとそうではない。水を補うために時間的なゆとりがあるように、少し加熱しては、お休みし、また加熱することをくり返したり、またはぐっと弱めのワット数で加熱して時間をかければ、煮豆はできる。しかし、これでは時間の短縮にならない。私たちの実験[1]（豆80gに十分に吸水させ、700Wで加熱する）では、うずら豆を煮るのに加熱したり、休んだりで、結局、55分くらいかかってしまった。普通に加熱するのと比べて、少しは時間の短縮になったが、手間がかかるので、結局あまり便利な方法ではなかった。

　加熱の途中で吸水させるものなど、ゆっくり加熱する必要のある食材には、電子レンジのはやさは不向きなこともある。

3．均一加熱は苦手

　電子レンジでは**マイクロ波が吸収された部分で発熱する**ので、普通の加熱のように熱が食品の外から中へ伝わっていくわけではない。普通の加熱法、たとえば、ゆで加熱をする場合に煮えたかどうかは、一番温度の上がり方の遅い食品の中心部が煮えていれば全体が煮えていると判断できる。だから、煮えたかどうかを確かめるとき食品の中心に串を刺してみるという操作を行うが、電子レンジの場合は**どの部分が一番遅く加熱されるかは決まっていない**。マイクロ波による発熱の仕方は、食品の成分や食品の形、温度、電子レンジ自身の構造上の問題（機種）で変わってくるので、いろいろな条件の組み合わせでマイクロ

波のよくあたった部分や食品成分の発熱しやすい部分がはやく加熱されて，**加熱むら**が起きる（写真3-1参照）。

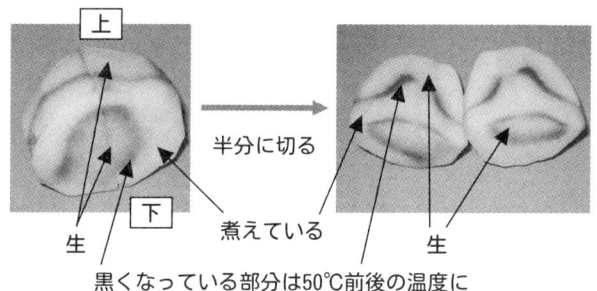

上
半分に切る
生
下
煮えている
生
黒くなっている部分は50℃前後の温度になっているところ

● じゃがいもを600Wの電子レンジで30秒間加熱した。
● まだらに加熱されていることがわかる。

写真3-1　じゃがいもの加熱例

「マグカップで牛乳を温めた」ときに，上のほうは熱いのに下のほうが冷たかったとか，その逆の場合とかが起きた経験はないだろうか。「お弁当を温めた」場合に，温かくなっている部分と冷たい部分があったという経験もあると思う。*途中でかき混ぜる*とか*電子レンジ内での置き場所を変える*とかの工夫が必要になる。

電子レンジはこの欠点を少しでも解消するために，**ターンテーブル**（くるくるまわる受け皿）がついているものもある。これは，庫内を移動することによって，マイクロ波のあたり方のむらを少なくするためである。ターンテーブルに食品をのせるときには，*テーブルの端にのせたほうが庫内を大きく移動するので*，加熱むらは少なくなる。

最近の機種では，**ターンテーブルのついていないもの**もあるが，これは庫内を広く使うためや掃除をしやすくするためにターンテーブルをつけないで，**底面の板の下の見えないところに回転しながらマイクロ波を照射する羽がついている構造**になっていて加熱むらを防ぐ工夫がされている。この場合は多くの機種で，マイクロ波のあたりやすい位置に印がついているので，そこに食品を置くようにする。

　このような工夫にもかかわらず，加熱むらの欠点は完全に解消されてはいない。使う人が，加熱を中断して場所を変えるとか，食品を裏返すとかの工夫が必要である。

　加熱むらの起こり方は，いろいろな原因（電子レンジの構造上の問題，食品の成分の発熱しやすさ，食品内部の温度差，食品の形など）があるので，簡単にまとめることはできないが，**食品の形**について一般論をいうならば，「角ばった容器に入ったもの」や「出っ張りのあるもの」は**角の部分が加熱されやすい**し，「小さな球形のもの」は**中心が加熱されやすい**といえる[2]。また，**食品の成分**についていうならば，「味の濃くついているもの」は，**食品の端の部分が加熱されやすい**し，「水分の少ないもの」は**中心部が加熱されやすい**ということができる[3]。

4．普通の加熱とは違うものができる

　電子レンジでは，従来の加熱法で加熱した食品と同じようになるかというとそうはいかないことが，よい点も悪い点も含めていくつかある。

　① 味の成分や栄養素が残る　　まず，煮るやゆでる，蒸す

の代わりに電子レンジを使うことができる。洗った野菜を蓋のできる耐熱性の容器に入れたり，ラップフィルムに包んで電子レンジで「チン」する。この方法はよい面と悪い面がある。

　「さつまいもを蒸す」代わりに電子レンジを使うと時間は非常に短くなるが，味や色，口ざわりの違ったものができる。これは加熱時間が短すぎて，普通の加熱の過程で食品の中で起きていた変化が起きないためである。「野菜をゆでる」代わりに，電子レンジを使うと味の濃いゆで野菜ができる。これはゆで水を使わないので，水の中に食品の成分が溶け出さないためである。味もいいし，水に溶けやすいビタミン類も減らないというたいへんよい方法なのである[4]。しかし，まずい成分である「アクを抜くためにゆでる野菜」には不向きである。ほうれんそうなど，アクを抜きたい場合には電子レンジでやわらかくしてから水にさらすという方法をとることになる。ちょっとめんどう？

　② **表面が焦げない**　　焼く代わりに電子レンジを使うことができるだろうか。今はオーブンと電子レンジの合体したオーブンレンジの形で売られている機種が多いので，電子レンジで「焼く」と誤解する人もいるが，電子レンジでは表面に**焦げ色（焼き色）**がつかないので，オーブンと同じようなパンを焼いたりケーキを焼いたりすることはできない。電子レンジで「ケーキ種を加熱する」と蒸しパンのようなケーキができる（写真3-2参照）。加熱時間はずっと短いので，簡単に食べられるものができるが，どうも普通のケーキと呼ぶことはできない。「クッキー」も「パイ」もそこそこ加熱されて食べられるものになる。でも，焼き色のついていないクッキーやパイはやはり，クッキー

やパイではないと思う人が多いだろう。これを表面に焦げ色のついたちゃんとしたものにするには、次のオーブンレンジの章（第4章）をご参照いただきたい。

　表面が焦げない理由は、電子レンジの加熱では**食品の表面部分の温度が上がりにくい**ためである。まわりの空気の温度のほうが食品の温度よりも低いために食品から熱が逃げて（放熱）表面の温度は下がり、結果として食品の表面よりも中のほうの温度が高くなる。この現象があるので、電子レンジは「中から加熱する」といわれるのであるが、**中からではなく、中と外が同時に加熱され、外側の温度は放熱で低くなる**というほうが正しい。しかし、電子レンジでの加熱では、食品は焦げないかというと、そうではない。**最もマイクロ波のあたりやすい部分は温度が高くなり焦げができる**。どの部分にできるかは、電子レ

① 電子レンジ　　　② オーブン
（600W 1分）　　（160℃ 25分）

● 電子レンジでケーキを加熱する。
● カップケーキの種を電子レンジとオーブンで加熱した場合、仕上がり（焼け方、膨らみ方など）に差ができる。

写真3-2　電子レンジとオーブンの加熱の違い
（カップケーキ）

ンジの機種や食品の形によって異なる。写真3-3は、ロールパンを温めたときの断面である。時間が長くなると表面から少し入った部分が焦げている。ロールパン1個温めるには、500Wの電子レンジでせいぜい20秒程度でよい。1.5分もすると中が焦げてしまう。

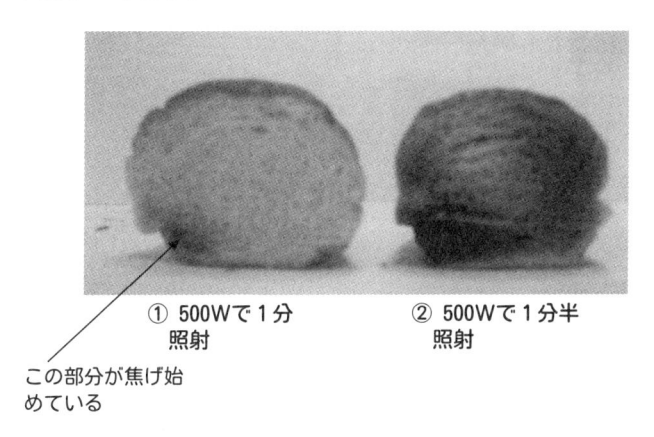

① 500Wで1分照射

この部分が焦げ始めている

② 500Wで1分半照射

表面（まわり）の色は、もとのロールパン自体の色であるが、パンの中の焦げが照射時間とともに進んでいる。

写真3-3　電子レンジで温めたロールパンの断面

③　**思いがけない破裂**　　「魚を焼く」代わりに電子レンジで加熱するとちょうど**蒸し魚のようになる**。鯵などをお頭つきで「チン」すると、ゆでたような外観で魚の目玉が飛び出していてびっくりすることがある。これは普通の方法で焼くときには外側がまず固まってから中に熱が伝わるので表面が先に固まってかたくなり、飛び出さないが、電子レンジでは中と外が同時に加熱され、外側が固まらないうちに中の温度のほうが高くなっ

レンジだと
まるで
蒸し魚
みたい

て中身が飛び出すのである。

　「卵を割りほぐさないで加熱」したときに電子レンジから出したとたんに「爆発？」が起きて，火傷事故を起こすことがある。たとえば，目玉焼きのように卵の殻を割ってそのまま加熱すると，電子レンジの中で，または取り出した直後に「パン！」とはじけて黄身が飛び散る。これは，卵黄は薄いけれどほどほどの強さの膜（**ビテリン膜**）で覆われているからである。加熱すると卵黄の中の温度が上がって圧力がかかり，膜がこの圧力に耐えられなくなったときに弾ける。外側の皮や膜がしっかりしているものを「チン」するときには，気をつける必要がある。卵を割りほぐして卵黄の膜を壊したり，穴をあけておいたり，しっかり閉められる蓋のついた器に入れてガードして「チン」すれば危険なことは起こらない（写真3－4参照）。

　④　**味が違う**　普通の加熱法で加熱したものと電子レンジで加熱したものでは，**味が違う**ことがある。一番典型的な例は，さつまいもを「チン」したときに経験できるが，**蒸したいもと**

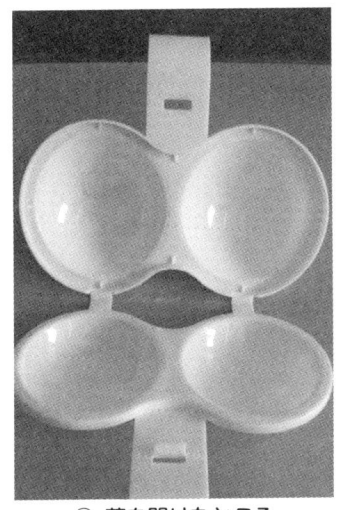

- 蓋を開けて，卵を入れ，しっかり蓋を閉めて加熱する
- 破裂しないで目玉焼きをつくることができる

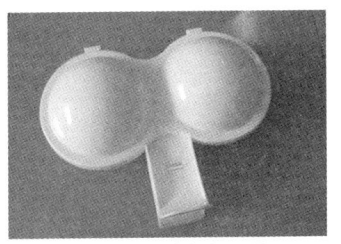

① 蓋を開けたところ　　② 蓋を閉めたところ

写真 3-4　電子レンジ便利グッズ
（目玉焼きグッズ）

「チン」したいもでは同じいもでも味が違う。蒸したいもは滑らかな感触で甘みが強いが，電子レンジで「チン」したいもはパサついた感じで甘みの薄いものになる。これは**加熱時間が短い**ことが原因である。加熱時間がかかるといもの温度がゆっくり上がっていく間に食品の成分が変化するが，電子レンジでは時間が短くて，その時間的余裕がないので成分の変化が起きないことになる。とくにさつまいもの場合には，いもの中の酵素（**アミラーゼ**）によって，「でんぷん」が「甘い糖」（**マルトース**など）に分解されるが，この変化のための時間が足りないためである。

今，**電子レンジ便利グッズ**がたくさん売られているが，そのひとつに，簡単に1膳分のご飯ができるようなかわいらしい容器がある。これでご飯を炊くと簡単に炊けるが，普通に炊くのと比べてちょっとあっさりした味のご飯になる。これも，最初に温度がはやく上がってしまい，甘みの足りない飯になるためである。

⑤ **かたくなりやすい**　加熱時間のところ（p.41）でも述べたように，パンなどのでんぷんを主成分とする食べ物の場合は，加熱しすぎによる硬化現象を起こす。この点は注意する必要がある。電子レンジで加熱したものは，**水分が蒸発しやすい**のがひとつの理由であるが，それ以外にもでんぷんを多く含んでいる食品（ご飯，パン，いも）では加熱のしすぎによって**でんぷんの状態が変わって硬化現象を起こす**ことが知られている[4]。かたくなったものをやわらかくしようとしてさらに加熱しても，ますますかたくなってしまう。過ぎたるは及ばざるがごとし，「チン」する時間を適切に決めることが電子レンジを上手に使うひとつのポイントである。

5．周囲が熱くならない

ふつう，お料理をして火を使うとその周囲が熱くなるのが，電子レンジでの加熱は，焰(ほのお)などの熱源は使わずに，発熱するのは食品なので，他の熱源で加熱するように**周囲が熱くなることがない**。狭い場所でお料理をすると周囲に逃げる熱でその場所の温度は上がるし，焰を使う熱源の場合は危険もあるが，電子レンジは，その点安全である。食べ物には適温があり，温かい

ほうがおいしい食べ物を冷えた状態で食べるのはわびしいものがある。保存のために冷たくしてあるお弁当を店先で簡単に温めてくれることができるのも、列車の中の売店で温かいものを売ってくれるのも、電子レンジが狭いところで安全に扱えるからであろう。「夏の狭い台所」でも、電子レンジを上手に活用すると、暑さ対策としても貢献度は高い。

6．エコクッキングになる？

　加熱時間は短いし，周囲が熱くならないことからもわかるように，**熱源からの熱がまわりに逃げないわけであるから**，エネルギーは食品の加熱に有効に使われていることになる。電気代と所要時間を比較してみると，早く，安くできる**エコクッキング**ということができるであろう。調理でかかる費用の比較は図3-1を参照のこと。食品の量が多くなると電子レンジでは時間がかかり，あまり省エネルギーになっていないこともわかる。***少量では経済的***ということである。

3 賢い電子レンジを賢く使う
多機能の電子レンジの使い方

 これまで述べたように、電子レンジはその他の加熱法と違っていろいろな特徴があることがわかる。最近売られている電子レンジは欠点を少なくするように改良されて、いろいろな機能をもっている。一番大きな工夫は、**オーブンと同じ機器の中に電子レンジ機能を組み込んだこと**で、**オーブンレンジ**として売られていることである。このことについては、次の章に譲るとして、**電子レンジの賢い使い方**を考えてみよう。

1. 冷凍食品の解凍に使う

 「冷凍食品を解凍する」にはいろいろな方法がある。調理済み冷凍食品のようにいきなり加熱してもよいものは別にして、室温や流水などで解凍するものは結構時間がかかるが、電子レンジを使うと**短時間**でできる。冷凍食品の解凍にはなくてはならないものである。この解凍で問題になるのは、電子レンジの**加熱むら**である。電子レンジでの温まり方は、「水」と「氷」では大きく違って、**氷は加熱されにくく、水は加熱されやすい**（水と氷では**損失率**が違う）。したがって、冷凍食品の解けた部分ははやく温度が上がり、凍っている部分は温度が上がりにくいという矛盾が生じ、加熱むらがますますひどくなる。

 そのために、ほとんどの電子レンジには「解凍キー」がついている。このキーを押すと、電子レンジの出力を下げたり、マイクロ波の照射を間歇的（時間を置いて照射が行われる）にする

などの工夫がされている。マイクロ波の出力を下げると発熱量が減るので加熱に時間がかかり、その間に解けたところと凍ったところの**温度の均一化**が起こる（**伝導伝熱**によって熱が伝わる）からである。間歇的に照射するのも、同様に時間をかけて温度を均一化するためである。

「調理済みの食品の解凍」の場合には、加熱しすぎにならない程度に熱くなるまで解凍すればいいので、解凍むらはそれほど気にならないが、「生(なま)もの（とくに刺身用の魚やこれから料理する肉など）の解凍」は、煮えた部分と凍った部分があると不都合である。解凍キーを使って*解凍しすぎないように注意する*必要がある。できれば、まだ凍っているけれども少しやわらかくなって包丁で切ることができる状態（**半解凍**）で止めて、その段階で切ったり下味をつけるなどして、あとは室温での自然解凍で解かすのが賢い方法である。

2．焦げをつくる

電子レンジでの加熱は表面が焦げないことが特徴である。しかし、*冷凍ピザを解凍するなど、底にちょっと焦げをつけたい*ことがある。その方法としては、「専用の熱くなるお皿」があるので、その上に乗せて加熱すればよい。製品によっては熱くなるトレーの上にのっている冷凍ピザもある。金属はマイクロ波を通さないが、*金属やセラミックの板や容器にマイクロ波で発熱する物質を塗ってあり、その物質が発熱する*のである。熱くなった金属板やセラミックから熱が伝わって、ちょうどフライパンや陶板の上で加熱するのと同じ加熱方法になり、底に焦

げ色がつく。そのような道具をもっているとちょっと便利である（オーブンレンジの天板でこの働きをするものも市販されている）。

3．加熱むらを起こさないように

　加熱むらは電子レンジの特徴であるから，全く起こらないようにすることは無理かもしれないが，使い方の工夫によってむらを少なくすることはできる。

　ターンテーブルのついているものでは，ターンテーブルの真ん中に置かず，テーブルの端の部分に置くと，ターンテーブルの回転で庫内を大きく移動することになるので，加熱むらを少なくすることができる。複数個の食品を置く場合には対角線上になるように置くとよい。加熱時間の途中で食品の方向を変えるのもひとつの方法である。とくにターンテーブルのついていない機種では，加熱むらがあるので，時間を短めに設定して，裏返したり，位置を変えたりしてさらに加熱時間を追加する方法をとるとよい。容器に入っている食品は途中で混ぜることが必要な場合もある。

ターンテーブルへの上手な置き方

4．スチームの助けを借りる

今売られている電子レンジの多くは,「オーブンレンジ」になっている。とくに最近の機種では,ほとんどに**スチーム機能**がついている。電子レンジで加熱したものは水分の蒸発がはやいので,加熱しすぎると乾いてしまうが,庫内に蒸気を入れて,**食品の表面の水分を補おうというもの**である。電子レンジの照射とともに蒸気が噴出するので,食品の表面に水分が付着し,表面が少ししっとりと温められる。しかし,**蒸気はマイクロ波を吸収する性質がある**ので,加熱時間はスチームを使わないときより長くなる。

5．自動機能を上手に使う

「ご飯や牛乳を温める」**自動キー**がついていて,そのキーを押すと自動的に出力や時間を設定して加熱できる。どのような仕掛けであろうか。

いろいろな種類があるが,ひとつは**重さ**を感知して時間を決めているものである。たとえば,ご飯の温め時間を重さで割り出しているのである。このとき全体の重さから「常識的な茶碗の重さを差し引いて」中身の量を推察して時間が決まるので,とくに軽い容器に入れたり,重い茶碗に入れたりすると,温まりすぎたり,まだ冷たいままだったりということが起きてしまう。いつも使う容器でちょうどよく温まるかどうかをチェックしておくほうがよい。いつもと違う重さの容器を使うときは気をつける必要がある。

その他の自動設定の方法としては，**赤外線温度センサー**を使っているものや，**蒸気**を感知しているものもある。温度センサーによる場合も，容器が常識外れに深すぎたり，温めるものが少なすぎたりすると，温度センサーがうまく中の食品の温度を感知できず，温めすぎることがある。

　これらの**自動制御はそれほど正確なものではない**ので，ひとつの目安にするほうがよいであろう。自分で何回か使ってみて時間や出力を調節することが大切ではなかろうか。

●引用文献●

1）戸田　裕，渋川祥子：家政誌，**21**，371，1970
2）中沢文子ほか：家政誌，**37**，941，1989
3）肥後温子ほか：家政誌，**41**，73，1990
4）堀越フサエ：調理科学，**4**，7，1971
5）肥後温子：食品の物性，第11集，p.53，1985

第4章
オーブンレンジって何？

ポンペイ遺跡のパン窯
オーブンの元祖は石窯だった！

1 オーブンレンジの誕生

オーブンレンジは「オーブン」と「電子レンジ」からの造語である。電子レンジが日本で普及し始めた昭和40年代は高度経済成長の時代で、食生活もどんどん豊かになったときである。欧米風の食事は進んだものとして生活に取り入れられ、料理の内容も変化した。ケーキを焼いたり、鶏のもも肉を焼いたりするために、これまで日本の台所では一般的でなかったオーブンが売り出されるようになり、これを購入することはお料理に関心のある主婦にとってはあこがれだった。電子レンジは初期に販売されたものは形が大きく、これも台所に備えたいもののひとつであったし、オーブンも置くとなると狭い台所はいっぱいになってしまう。**オーブン機能**と**電子レンジ機能**を同じ箱の中に入れてしまえば、問題解決というわけである。

1977（昭和52）年にはオーブン機能と電子レンジ機能の両方をもったものが売り出されたが、その当時のものは、電子レンジを使うときにはオーブン用のヒーターをつかんでエイヤー！と取り外す、という面倒なものだった。技術開発によって今は

操作キー1つで両方の機能を使い分けたり，同時に使ったりすることができるようになっている。ほんとうに便利になった。

それにしても「電子レンジ」の機能を「レンジ」という言葉で代表させたのはちょっと変だと思われる。本来，**レンジは火口がいくつか並んだ加熱テーブルのことをさす言葉だった**はずであるが，いつの間にか**電子レンジの代名詞**になってしまって，オーブンと電子レンジの両機能をもつ加熱機器に「オーブンレンジ」という名前がついてしまった。前にも述べたように，電子レンジは「マイクロウェーブオーブン」というほうが適切で，電子レンジ自体の命名が少し変だと感じる。「レンジ」が電子レンジの代名詞として使われるのはどうも納得できないと思っている。しかし，筆者がどう思おうが現在，「レンジ」が電子レンジを表しているのである。

では，「オーブンレンジ」のもう一方の**オーブン**とはどんなものだろうか。

2 オーブンってどんなもの？
変遷と機能

1．オーブンはいつごろから使われている？

オーブンはもともと日本に古くからあった加熱機器ではなく，**ヨーロッパから入ってきたもの**である。

ヨーロッパでは，世紀前から使われていた加熱装置である。寒い国では写真4-1のような暖をとるストーブが部屋の隅に

写真4-1 昔のヨーロッパの暖炉と調理用熱源

上の写真を
図解すると
....

図4-1 古いオーブンの構造

あり，その上が調理用の熱源になり，その下の火を燃やすかまどの横の空間をオーブンとして使ってきた（図4-1参照）。

ヨーロッパでは，加熱された空間（箱）の中でパンを焼いたり，肉を焼いたりすることは昔から行われていた一般的な調理方法なのである。パンをつくる歴史は古く，紀元前からつくられていた。パンの焼き方としては，いろいろな工夫があり，今も使われているパン焼き窯（がま）の形ができたのも紀元前といわれている。1世紀ごろの人々の暮らしを伝える南イタリアのポンペイの遺跡には立派なパン焼き用の石窯（いしがま）（第4章扉写真参照）が残っている。

「日本にオーブンが入ってきた」のは，たぶん**明治のころ**で，明治時代の上流階級の一部の家庭には，輸入品のオーブンがあったようである。伝えられる大隈重信の住宅の台所の絵には立派なオーブンを備えたレンジが描かれている[1]。しかし，「一般家庭」で使われるようになったのは**昭和に入ってからであろうし，普及したのは第二次世界大戦後**である。日本で初期に使われたものは金属製の扉のついているブリキの箱型で，炭火の七輪やガスこんろの上に置いて使った。温度計もついていないし，もちろん温度調節もできないものだった。強火，中火，弱火といった曖昧（あいまい）な調節の仕方で，温度も

昭和初期の家庭用オーブン

庫内に手を入れてみて推定する程度のものだった。

「昭和30年ごろ」から家庭電気製品として庫内に電気ヒーターのついたものがつくられるようになり，ガスを熱源とするものも下部にガスバーナーを内蔵したバーナーと箱が一体になったものがつくられ，さらに改造されて扉に温度計のついたものなどがつくられるようになった。「昭和50年代」からは，庫壁にファンのついたガスオーブン（**強制対流式オーブン**）がつくられ，現在はこのタイプが主流となっている。

オーブンの普及率は，最近はオーブンレンジが増えているため，オーブンだけの数ははっきりしないが，オーブンレンジを入れると**かなり高い普及率**になっている。

しかし，日本の家庭の台所での**オーブンが十分に利用されているか**といえば，決してそうではないと予測される。オーブンを購入した当初はうれしくてクッキーやケーキを焼いたり，ローストチキンをつくったりするものであるが，だんだん使わなくなってしまう人が多い。オーブンの利用があまり上手(じょうず)でないのは，日本ではその歴史が浅く，調理操作のなかにその使い方が定着していない加熱機器だからであろう。ハンバーグを焼くとき表面をフライパンでさっと焼いて，あとはオーブンに入れておいたり，シチューを煮込むときにオーブンを利用したりすることは外国ではよく行う調理操作であるが，日本ではあまりポピュラーではない。現在のオーブンは温度も時間もセットできるようになっているので，中に食品を入れてセットしておけば，あとは手間なしになる。せっかくもっている調理器具だからもっと上手に使いたいものである。

2．オーブンはどんな働きをする？

どちらかというと私たち日本人はオーブンの利用の仕方が下手であるが，そのオーブンはどんな機能や特徴をもっているのだろうか。

① **オーブンによる加熱の特徴**　オーブンは「囲われた空間全体を加熱し，その熱い庫内に食品を入れて加熱する機器」で，**食品の周囲全体から同時に加熱できる**。そのため，加熱の途中でひっくり返したりする必要がなく，形づくった食品をそのまま加熱することができるので，パンやケーキなどのお菓子づくりや，大きな肉の塊などの料理に使われる。このような加熱の仕方が，他の加熱用具で代用できるだろうか。たとえば，水を入れなくても加熱できるような材質の保温のよい厚手の鍋を使うなど，オーブンがなくても他の道具で代用できないわけではないが，その技術はなかなかむずかしいことになる。ケーキをつくりたいとかローストチキンをつくりたいという人は，やはりオーブンが必要になる。

現在はオーブンの機能も大幅に改良されていて，使いやすくなっているし，いろいろな機種があってそれぞれに特徴がある。

② **オーブンの種類**　先にも述べたように，日本で初期に使われていた古いタイプのものは扉のついた金属の箱で，熱源の上に乗せるものだった（上置き式）。炭火やガスこんろで熱せられた空気が箱の中に充満してその熱で食品を加熱する。このタイプでは庫内で熱せられた空気が上に移動して，冷たい空気が下に下りるという対流現象を起こしているので，**自然対流式**

と呼んでいる。ただの箱型の上置き式に続いて,「ガスバーナーが内蔵され温度計のついているもの」がつくられた。その後,家庭電気製品が普及し,電気の使用も増えて,熱源として「電気ヒーターを箱の中に取りつけた形のもの」もつくられるようになった。これには温度調節もつけられていた。それに続いて,庫内の壁面に小さなファンがついていて,「ガスや電気で熱した空気を強制的にかき混ぜるタイプ」もつくられるようになり,現在はこのタイプが主流になっている。このタイプは強制的に対流させるという意味で**強制対流式(コンベクションタイプ)**と呼ばれている。

　熱の伝わり方(伝熱)は,物理の学習で習ったように,①対流伝熱と②放射伝熱(輻射)と③伝導伝熱があるが,オーブンの中に入れられた食品は,熱せられた空気からの**対流伝熱**と庫壁やヒーターからの**輻射**で伝わる**放射伝熱**と,熱くなった天板から伝わる**伝導伝熱**の3つの方法全部で食品に熱が伝えられているということができる。

　③　オーブンの種類によって焼け方が違うか　　現在,市販されているオーブンの多くは,温度調節やタイマーがついているので,それぞれの料理に適した温度と時間を設定すると(オーブン付属のクックブックに書いてあるとおりにすると),比較的失敗なく上手につくることができる。

　オーブン料理は,「温度」と「時間」を知っていれば,失敗なく料理できると思われている。現在,いろいろなタイプのオーブンがあるが,どの種類のオーブンを使っても同じ温度と時間を設定すればよいのだろうか。実はそうはいかないのである。

| ① 自然対流式 | ② 電気ヒーター式 | ③ 強制対流式電気 | ④ 強制対流式ガス |

同じ種を同じ温度で同じ時間焼いたもの。

写真 4-2　オーブンの種類によるカップケーキの焼け方の違い

写真 4-2 は，カップケーキの種をたくさんつくって，同じ量をいろいろなオーブンで同じ温度（180℃）で同時間（20分）焼いたときのものである。明らかに焼き色や膨れ方に差が出てしまう。焼き色がよくついて盛り上がり，上に亀裂の入ったものもあれば，上部はつるりと丸く膨れていて，色づきの薄いものもある。これはなぜだろうか。

私たちが同じ気温でも風の吹くときと吹かないとき，お日様

風が吹いて寒い

お日様があたってあたたかい

2　オーブンってどんなもの？

のあたる所と日陰では，温かさ・寒さの感じ方が違うように，オーブンに入れた食品についても，**中の空気の温度は同じでも，その構造によって風の吹き方や輻射熱のあたり方が違って熱の伝わり方が違う**のである。すなわち，「自然対流式」の空気の動きの少ないタイプのオーブンと「強制対流式」の庫内にファンで風を吹かせているタイプでは，後者のほうが多くの熱を伝えることになる。また，庫壁からの「輻射熱」が強いオーブンと弱いものでは加熱のされ方が違ってくるのである。

オーブンの中での食品への熱の伝わりやすさを数字で表すと表4-1のような値（**複合熱伝達率**：金属のブロックを加熱して求められる値[2]）になる。**値が大きいほど熱が伝わりやすい**ことを示している。このように，オーブンの機種によって熱の伝わり方が違うので，どのオーブンでも同じ庫内温度にして同じ時間焼けばいいということにはならない（p.73，写真4-5参照）。

表4-1　オーブンの種類による加熱能力の違い

機　　種	熱を伝える能力の値 （熱伝達率　$W/m^2 \cdot K$）	伝える熱のうち放射伝熱で伝わる割合（％）
強制対流式の ガスオーブン	55	25
強制対流式の 電気オーブン	42	40
電気オーブン （ヒーター式）	24	85
自然対流式の ガスオーブン	19	50

●これらの値は，市販のオーブンの実測例である。
●強制対流式では，ファンの強さによって値が変わる。
●電気ヒーター式のオーブンでは，ヒーターの設置位置や強さによって値が変わる。

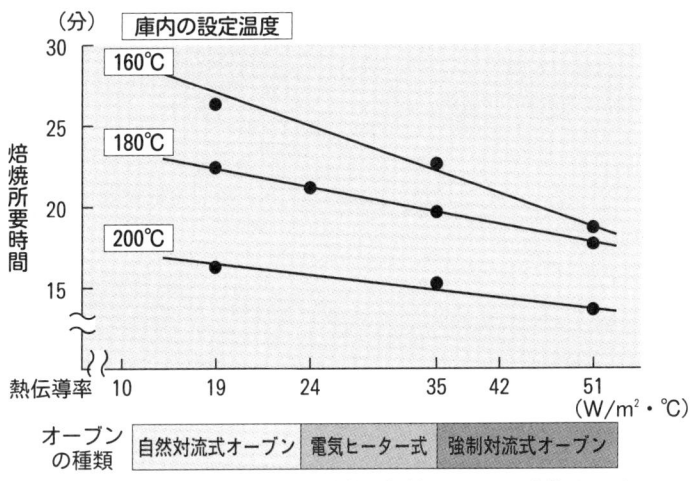

図4-2 スポンジケーキの熱伝導率の値と焼き時間の関係

たとえば、直径18cmのケーキを焼く場合、お料理の本を見て、「オーブンを使い180℃で30分焼いてください」と書いてあっても、自分の使う機種はどのタイプかを考えて、温度と時間を設置しないと焼きすぎになったり、生焼けになったりする。**古いタイプの自然対流式では温度は高めに設定**する必要があり、新しい強制対流式タイプのオーブンと同じ温度で焼けば時間が長くかかることになる。直径18cmの大きさのケーキの場合、同じ時間で焼くためには、古い自然対流式では220℃の設定、今よく使われている強制対流式では170℃設定と50℃くらいの温度差をつける必要がある[3]。

図4-2に示すように、この「加熱の能力を示す値」（**熱伝達**

率）と，食品を加熱するための「所要時間」や「設定温度」の間には，高ければ焼き時間が短いというかなりきちんとした関係（正の相関関係）がある。

また，電気オーブンで「ヒーターが庫内についているもの」は，ヒーターからの輻射熱が大きくなるので，食品の表面に焼き色がつきやすいという特徴がある。これは，同じだけの熱量を伝えるにも，**輻射熱で伝えたほうが食品の表面に焼き色がつきやすい**という現象があるためである。これは炭火焼きの話や赤外線の話のときにも出てくるが，昔から輻射の強い熱源で焼き物をするとよい焼き色がつくことが知られている。

〔参考〕　「熱風から伝わる熱で（対流で）焼く場合」と，「輻射熱で焼く場合」は本当に食品の色づきが違うのだろうか，そのことを知りたくて行った実験をご紹介しよう。

片方は熱風を吹きつけ，もう一方はヒーターからの輻射熱で加熱するような装置をつくり，受ける熱の量を測ることのできる熱流計で測って同じ熱量が伝わるような加熱条件をつくり，食品（切った食パン）を加熱してみた。結果は，写真4-3にあるように「熱風」では色がつきにくいが，「輻射熱」では焼き色がよくついている[4]。

① 対 流　　② 放射（輻射）

両方の伝熱法で同じ熱量（熱流計で測ると同じ）で加熱したときの表面の焦げ具合を比べた。

食パンの表面に7分間で$0.31kJ/cm^2$のエネルギーが加わるような条件で加熱した。

写真4-3　対流と輻射でのパンの焼け方の違い
（杉山久仁子ほか：日本家政学会第46回研究発表要旨集, p.162, 1994）

　もうひとつ放射の強さの違う条件でクッキーを焼いた実験の例を紹介しよう[5]。同じオーブンだけれども伝わる熱の中の放射による割合を変えられるようにした実験用のオーブンでクッキーを焼いた。クッキーの中心の温度は同じになるように焼いた（表面の色づき以外はほとんど同じ焼き上がり）が、表面の色のつき方は、写真4-4に示すとおり、**放射で伝える熱の割合が多いほど濃くなっている**ことがわかる。

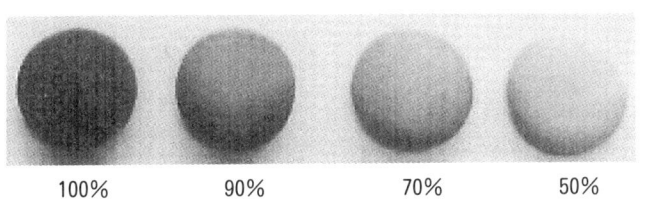

100%　　90%　　70%　　50%
放射伝熱の割合

● 放射伝熱（輻射）の割合が違うオーブンで焼くと、クッキーの表面の焼き色が違う。
● 放射伝熱の割合が高いほうが焦げ色がつきやすい。

写真4-4　輻射の割合の違いとクッキーの焼き色

これらのことから，焼く料理の場合，熱の伝わり方が「対流」なのか「放射」なのかが食品表面への色のつき方に影響することは確かである。したがって，オーブンの機種により輻射熱の強いもののほうが食品表面の色づきがよいといえる。

　ちょっと話が複雑になってしまうが，オーブンの機種による輻射熱の強さは表4-1 (p.68) の中に示してある。伝える熱のなかの「対流」と「放射」の割合を示したもので，この値が高いと輻射熱の割合が多いことを示している。**強制対流式オーブンは熱を伝える能力は高いが輻射熱で熱の伝わる割合が小さく，庫内にヒーターがついているような電気オーブンは輻射熱の割合が大きく焼き色がつきやすい。**強制対流式のオーブンは熱を伝えやすいので同じ温度ではやく焼け，低い温度でも焼けるが，温度を低めにすると色づきが悪い。電気オーブンは熱を伝える能力がそれほど高くないので温度を高めに設定する必要があるが，輻射熱の割合が高いので，色づきがよいといえる。オーブンの加熱の特徴を考えるときには表の中の両方の値を比較する必要がある。

　写真4-5に強制対流式と輻射の強いオーブンで直径15cmのケーキを焼いた例を示した。「強制対流式」ははやく焼け，「輻射の強いオーブン」は焼き色がつきやすいことがわかる。

④　天板を使う効果もオーブンの種類で違う　オーブンを使うときには，ほとんどの場合，天板に食品をのせるが，網の上に直接のせて焼くこともある。**天板を使うことの影響も，やはりオーブンの種類によって違う**（図4-3参照）。強制対流式

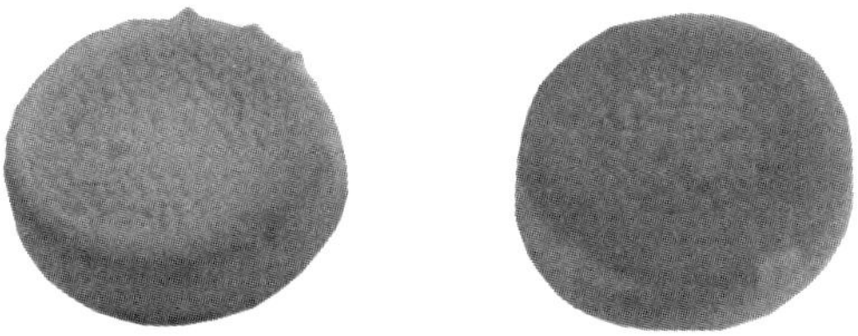

A．強制対流式オーブン
〔焼き時間 15分〕

B．輻射熱の強いオーブン
〔焼き時間 20分〕

① 同じ庫内温度（170℃）にして焼いたもの

●同じ庫内温度で焼くと，ケーキの焼き時間とできあがりに差ができる。
　Aは時間が短いが，焼き色は薄い。
　Bは時間が長くかかり，焼き色が濃い。

A．強制対流式オーブン
〔庫内温度 160℃〕

B．輻射熱の強いオーブン
〔庫内温度 190℃〕

② 同じ時間（18分）庫内の温度を変えて焼いたもの

●温度に差をつけると同じ時間で焼けるが，ケーキのできあがりに差ができる。
　Aは焼き色が薄い。
　Bのほうが中はやわらかく，表面の皮が厚い。

写真4-5　オーブンによるケーキ（スポンジケーキ15cm径）の焼け方の違い
　　（強制対流式オーブンと輻射熱の強いオーブン）
（渋川祥子：JIRAレポート，8，7，1997）

のオーブンでは天板を使うことで加熱時間は変わらないが、**輻射の強いオーブンでは天板を使うことで加熱時間が短縮**される。これは、強制対流式の場合には、天板から伝わるために増える熱量と天板を使うことによって風の流れが邪魔されるマイナスの効果が帳消しになるのに対して、輻射の強いオーブンでは、輻射熱によって天板の温度が高くなり、熱が多く伝わるためで

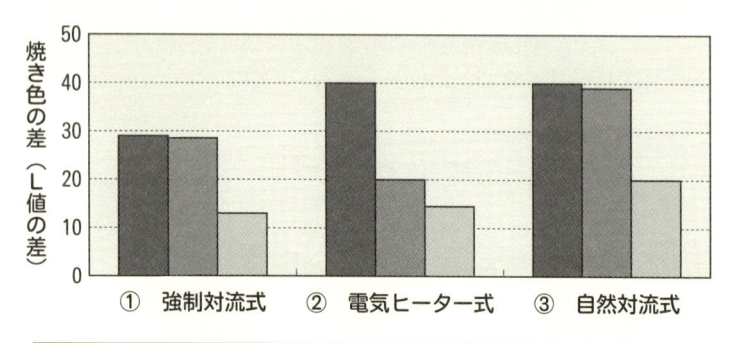

- 各種のオーブンで各種の天板を使用して焼いたときの上面と下面の焼き色の差の実験例。
- 値が大きいほうが焼き色の差が大きいことを示している（L値の差）。

① **強制対流式**：上下の差が少ない。アルミ箔を敷く効果はない。
② **電気ヒーター式**：鉄の天板では下（底面）が焦げる。アルミ箔を敷くと差が小さくなる。
③ **自然対流式**：下面が焦げやすい。アルミ箔を敷く効果も少ない。

- パイレックス（ガラス）の天板を使用すると、どのオーブンでも上下の差が小さくなる。
- 差の値が10〜20程度では、見たところほとんど差が感じられなかった。

図4-3 クッキーの上面と下面の焼き色の差

ある。たとえば，ケーキを焼くときに，ケーキ型を網の上にのせるのか，天板の上にのせるかで，強制対流式のオーブンは焼き時間が変わらないが，電気オーブンなどでは焼き時間が短くなる。

　天板の効果としては，底の部分の焼き色のつき方に影響する。輻射の強いオーブンの天板の温度は多くの場合，庫内の温度より高くなっているので，底も焦げやすい特徴がある。たとえば，パイ皮のように底にしっかり焼き色をつけたい場合には，天板の上にパイ皿を置いて焼くとよい。また，クッキーなどを焼くときは天板の上に種を並べるが，上面によい色がつかないのに，下の焦げ色が濃くなっていかにも素人っぽいクッキーが焼けることがある。強制対流式のオーブンでは，上面と下面の焼き色の差は小さいが，電気オーブンではこのようなことが起こりやすい。天板の上にアルミ箔を敷くと，電気オーブンでは下の色つきが抑えられる効果があるが，強制対流式オーブンではこの効果はない[6]。熱の伝わりにくい天板（ガラス製や陶器製）を使うとどんなオーブンでも，下の焼き色がつきにくくなる。**オーブンによって上手に天板を使うと，焼き時間や焼き色のつき方を調節できる**ことになる。

　現在市販されているオーブンは，いろいろな特徴が謳われているが，そのなかで庫壁にファンのついているものは「熱風」とか「コンベクション」とかの表示があり，加熱の能力が高い。ヒーターの露出しているものや壁面にヒーターの内蔵されているものは「石窯」とか「輻射熱」とかの文字がみられることが多く，これらは輻射熱が強いと考えることができる。

3 オーブンと電子レンジの同居を利用

　電子レンジのところでも説明したように,**電子レンジでの加熱の仕方は「食品自身の発熱」**であるので,オーブンの加熱の仕方とは大きく異なる。電子レンジの特徴のひとつが,食品の**表面に焦げ色のつかない**ことである。**オーブン**のほうはどうかというと,外から熱が伝わるので,まず表面が先に加熱されるという特徴があり,表面温度が上がるので外側に焦げ色がつく。したがって,「電子レンジ」と「オーブン」をいっしょに使うと**それぞれの利点,欠点を補い合う**ことができる。たとえば,電子レンジの加熱の時間が短い,中を加熱できるということとオーブンの表面に焼き色をつけるという利点を生かすことによって,オーブンは焼き時間がかかるということと電子レンジは加熱むらが起こりやすいので部分的にかたくなることがあるという欠点を補うことができるわけである。

　両方の機能を「同時または交互に使う」ことを**コンビ加熱**と呼んだりしている。電気オーブンの場合は,100V(ボルト)の電源では

電子レンジと
オーブンが
仲良く同居

オーブン用のヒーターに電力を使いながら電子レンジも稼動させることがむずかしいのでヒーターと電子レンジを交互に作動させる方法がとられている。その点，ガスと電気の両方を熱源として使うタイプのものは，ガスでオーブン加熱をしながら同時に電子レンジを照射することができる。両方の機能をどのような配分で利用するかは，オーブンレンジのメーカーがいろいろと試し，その条件が自動プログラムのなかに組み込まれているものが多い。調理科学の研究者もいろいろと試みている。その例を紹介しよう。

1．肉類を焼く

「ローストビーフ」や「焼き豚」,「ミートローフ」のような**体積の大きい肉類を焼く**場合には，中まで火が通っているかどうか不安なものである。このようなときに電子レンジを併用すると中を加熱できるので，中が生煮えということを防ぐことができるし，調理時間も短縮することができる。

① **ミートローフ**　400ｇのミートローフの種を成型（13×7×4cm）し，「オーブンだけ」で焼くと強制対流式家庭用ガスオーブンで230℃に設定して22分くらいの時間がかかる。ガスオーブンの温度を250℃に設定し，**電子レンジ照射を同時に5分間行うと，焼き時間は12〜13分に短縮**できた。電子レンジ照射を行うタイミングは，予熱したオーブンに材料を入れた直後に電子レンジ照射を行っても，焼き上がる最後の5分間に行ってもでき上がりの状態に大きな差はみられない。料理のでき上がりを評価するために食べ比べ（官能検査）を行ったが，

「オーブンのみで加熱したもの」との**品質の差もほとんどなかった**。調理時間が約半分になることは、たいへんありがたいことである。

② 焼き豚　　300ｇの豚肉を焼くのに、「強制対流式家庭用ガスオーブン」で焼くと230℃に設定して29分間かかる。**電子レンジ照射5分間を併用した場合には焼き時間は20分になり、約2/3になった。** 照射するタイミングは、材料をオーブンに入れた直後とした。この場合もオーブンだけの場合と電子レンジ併用の場合を比較すると、オーブンだけのほうが若干肉汁が多いように感じられたが、品質には大きな差がなかった。

焼き豚

③ その他　　ハンバーグなどもこの方法が利用できる。肉の塊（かたまり）の場合は、電子レンジ加熱を同時に併用することにより料理のでき上がり状態の品質に大きな差はなく、便利な方法と思われる。

2．菓子類を焼く

① ケーキ　　「電子レンジだけ」でケーキ種（バッター）を加熱すると、とても短い時間で蒸しパンのようなものができる。しかし、外側に焦げ色がつかないので香ばしいケーキの香りはしないし、おいしそうな色も着かない。口ざわりも悪く、かたくなりやすい性質もある。**オーブンと電子レンジの両方の**

機能を使うと，時間が短縮されるし，表面においしそうな色もつく。

　電子レンジを短時間どのタイミングで照射するとよいかを実験した例がある[7]。電子レンジを照射する時間を短くし，ケーキを焼くどの段階で電子レンジを照射するとよい成績のものができるかを検討した実験の結果では，「スポンジケーキ」を焼く場合，オーブンだけで焼くと30分間かかるが，オーブンの焼き時間を20分とし，ケーキ種をオーブンに入れた直後か最後の1.5分に同時に電子レンジ加熱（1.5分間）を使うことによってでき上がったケーキのかたさや膨れ方への影響は少なかったとの報告がある。ケーキの品質に大きく影響することなく，焼き時間が2/3に短縮されることは便利なことである。

　しかし，この結果は，電子レンジ照射の時間が非常に短いので品質への影響が少なかったと思われる。電子レンジ加熱の時間を延ばせば，調理時間はもっと短縮されるであろうが，電子レンジ加熱特有のパサつきやかたくなるなどの欠点が出てくる。上記の条件あたりが，折り合いのつく範囲であろう。

　オーブンレンジには，ほとんどの機種に**自動機能**がついていて，ケーキを焼くときには「ケーキキー」を押すようになっているが，この条件のなかには電子レンジ機能とオーブン機能の両方を使うようにプログラムされているものもある。このプログラムの中身は，使用者にはわからない場合が多い。***電子レンジ加熱が多めに入るとどうしてもかたくなりがちであるので***，これまでのオーブンだけでうまくいっていた経験があるのに，自動機能を使うとうまくいかないとすれば，電子レンジ加熱の

時間が長すぎることが考えられる。自動機能を使うときには注意が必要である。筆者は，自動プログラムもその内容を提示してほしいと考えているのだが。

② **クッキー**　クッキーの種を「電子レンジだけ」で加熱すると表面に焦げ色がつかないので白々しく，普通のクッキーと外観は違うが，食べられるものができる。「家庭用強制対流式ガスオーブン」を160℃に設定して焼くと約16分かかる。電子レンジとオーブンを併用」することにして，50秒間電子レンジ加熱すると，焼き時間は約12分に短縮された。できたクッキーの色づきもかたさなどもほとんど差のないものができる。焼き時間が3/4に短縮されたことになる。クッキーを焼くのは，それほど長い時間ではないが，やはり，**電子レンジとオーブンの併用は効果がある**と考えられる。

③ **その他**　「シュークリームのシュー」や「パイ」でも両者の併用によって時間が短縮され遜色(そんしょく)のないものができることが報告されている[8]。

3．オーブンレンジの賢い使い方

「オーブン」と「電子レンジ」の**適正な比率**を考えることは，一般の使用者にはむずかしいことかもしれないが，**自動キー**の設定をするにあたっては，機器メーカーでかなりの検討を行ってレシピがつくられているので，それを利用すれば，オーブンレンジを上手に使いこなして，「簡単調理」でホームメイドが楽しめる。今の自動化の進んだオーブンレンジは，オーブンと電子レンジを手動で交互に使おうとするとうまくいかなかった

り，自動キーの内容がわからない（どのくらい電子レンジ加熱が入っているかなど）ものが多い。メーカーのクックブックで指示されたレシピどおりではもの足りないとか，自分なりの工夫がしたいという，少しこだわりのある人が，手動で電子レンジとオーブンを併用する場合のキー操作がよりうまくできるような配慮が欲しい。それによって，家庭でのオーブンレンジの活用の幅が広がり，時間短縮・簡単調理にさらに賢く生かすことができるであろう。

● 引用文献 ●

1) 村井玄斎：食道楽，さし絵，岩波文庫，2005
2) 渋川祥子：調理科学，**22**，26，1989
3) 渋川祥子，杉山久仁子：新訂 調理科学，p.31，同文書院，2005
4) 杉山久仁子ほか：日本家政学会46回大会発表要旨集，p.162，1994
5) 渋川祥子：飯島記念食品科学振興財団報告，平成3年度版，p.49，1992
6) 渋川祥子：家政誌，**37**，87，1986
7) 市川朝子ほか：調理科学，**23**，73，1990
8) 神長和子：聖徳栄養短大紀要，No.8，p.43，1977

第5章
「水で焼く」ってほんとう？

スチームコンベクションオーブン
主役は水！　過熱水蒸気で焼く

1 過熱水蒸気のパワー

　水は冷たいものとの印象があるが，最近，家庭用のオーブンの宣伝に"水で焼く"という常識破りのキャッチフレーズが使われ，注目を浴びた。これは温度の高い水蒸気（過熱水蒸気）を使った加熱である。水蒸気は確かに水の気体であるから，「水で焼く」ことになる。温度の高い気体状の水，**過熱水蒸気で焼く**ことなのである。

1．過熱水蒸気はどんなもの？

　10年くらい前に私が原稿に，「過̇熱̇水蒸気」と書いたら，編集者から「加̇熱̇水蒸気」と訂正されたことがある。当時はあまり知られていない言葉だったからである。過熱水蒸気という言葉が一般的になったのは，ほんの最近のことなのである。

　水が蒸発すると**水蒸気**になる。水は普通の気圧（常圧）の下では100℃以上では液体では存在できず，気体に変化する。こ

の現象は非常に一般的なことでよく知られている現象である。だから，蒸気の温度は100℃と思っている人が多いのだが，**気体である水はいろいろな温度で存在することができる**。夏のむしむしする日に「今日は湿度が高いですね」と言うが，これは空気中の蒸気の量が多いことである。だから，気温と同じ温度の蒸気も存在するわけである。蒸気を発生させるには，水を沸騰させる。発生したその水蒸気は100℃であるが，その水蒸気をさらに加熱すると**もっと温度の高い水蒸気**となり，これを過熱水蒸気という。

2．水蒸気で加熱する

水蒸気を料理の加熱に使う方法は，**蒸す**といわれ，古くから行われていた方法である。水を加熱して蒸気を発生させ，その水蒸気で食品を加熱する方法であり，この調理法のために，「蒸し器」や「せいろ（蒸籠）」などおなじみの調理器具がある。

蒸し加熱の原理を考えてみよう。水は加熱されるとだんだんと温度が高くなり，100℃になり，さらにエネルギー（水１gあたり約540kcal）を得て**気体（蒸気）**に変わる。液体が気体に変わるためのエネルギーを**潜熱（気化熱）**という。この水蒸気が冷たい物に接触すると，そこでエネルギー（潜熱）を放出して液体に戻る（**凝縮**という）。蒸し加熱を行うときに

は潜熱のエネルギーが食品の表面に伝えられるわけなので、効率よく加熱することができる。

同じ100℃でも**潜熱をもっているかどうか**で、「水蒸気」と「水（熱湯）」では食品に与えるエネルギーの量が違う。たとえば、100℃のお湯が手にかかったときよりも100℃の蒸気が手にかかったときのほうがひどい火傷になることからもわかる。食品の表面に伝わった熱は食品の中のほうへ伝わって、食品全体が加熱される。液体に戻った水は食品の表面に付着したり、表面を流れ落ちたりすることになる。

3．過熱水蒸気で加熱する（過熱水蒸気加熱の特徴）

では、「過熱水蒸気」の場合はどうだろうか。水に戻るときのエネルギー（潜熱）が伝わり、食品の表面にたくさんの熱が伝えられるのは「蒸し加熱」（100℃の水蒸気での加熱）と同じであるが、水蒸気温度が100℃よりも高いため、その分***100℃の蒸気よりも多くの熱が伝わる***。しかし、食品の表面が100℃以上になると、今度は***水蒸気が水に戻る現象（凝縮）は起きない***ので、そのエネルギーは期待できない。温度の高い気体から食品に熱が伝わることになり、この加熱方法は***普通のオーブンで食品を加熱するのとほとんど同じことになる***。

4．水蒸気で加熱しても食品は乾くか？

食品からの水分の蒸発の仕方はどうだろうか。

「蒸し器で加熱するとき」には、**水分が増える**ことが知られている。これは、水蒸気が水に戻ったものが食品の表面につく

ので,水っぽくなったり,しっとりしたものができたりして,それが「蒸し加熱の特徴」になっている。

この経験から,「過熱水蒸気による加熱」でも,蒸気の中で加熱するのだから,食品から水分は蒸発しないのではないかと考えられがちである。現に,スチームコンベクションオーブン付属のクックブックの中などには,「このオーブンを使うと水分の蒸発が抑えられてしっとり仕上がります」といった文言が書かれているものもみられる。しかし,**蒸気の中でも温度が高いと水(液体)は蒸発する(気体に変わる)**のだから,これは?

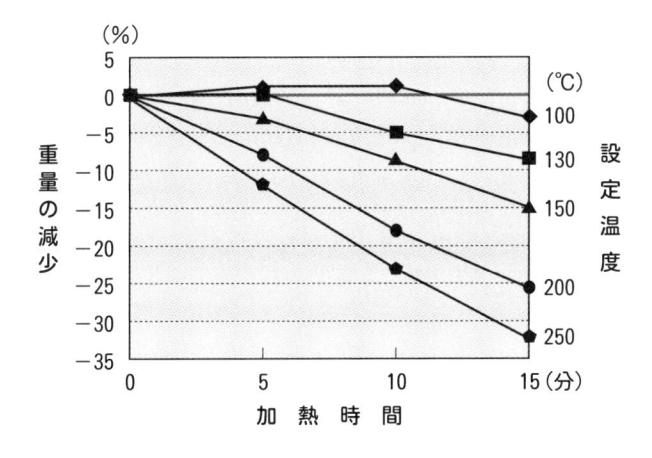

● いろいろな温度に設定して加熱したときの蒸発の状態(じゃがいも)
● 100℃のときは,最初19分くらいはちょっと水分が増える。
● 温度が高いと水蒸気の中での加熱でもじゃがいもは乾燥することを示している。

図5-1 スチームコンベクションオーブンでの乾燥による重量変化

（疑問）である。加熱し始めに食品の表面に水分が付着するが、庫内の温度が高いときにはその水分もすぐに蒸発してしまい、続いて食品の水分が表面から蒸発するので、やはり**食品の表面は乾く**ことになる。たとえば、過熱水蒸気のオーブンを250℃といった高い温度に設定して焼くと、普通のオーブンで加熱するのと同じように表面は乾燥して焦げ色がつく（図5-1参照）。食品の種類や大きさ、加熱時間、設定温度によっては、かえって蒸発量が多くなることもあるくらいである。

　私たちの実験でも（鮭の切り身を280℃の加熱水蒸気で焼いた）、「過熱水蒸気」のほうが「普通のオーブン」で焼くより水分の蒸発が多いという結果になったことがある。これはちょっと予想外の現象だったが、**加熱の初期に表面に潜熱が伝わって表面近くの温度の上がり方が普通のオーブンよりはやいため、表面温度が高くなり、水分の蒸発が多かった**のだと説明できた[1]。

5．「過熱水蒸気加熱」は「酸素なし加熱」

　加熱水蒸気の中で加熱する場合のその他の特徴のひとつとして、**酸素のない状態での加熱**ということができる。庫内に充満しているのはほぼ水（水蒸気）ばかりで、空気はほとんど追い出されているので、酸素の存在は非常に少なくなっている。このため、食品を加熱する際に起こりがちな**酸化反応が抑えられる**ことはうなずけることである。焼いたものの表面の色合いが少し違っていたり、ビタミンやその他の有用な成分の残存率に差が出ることが報告されている。

2 過熱水蒸気を利用した調理機器

　過熱水蒸気で食品を加熱する装置としては,「業務用」では**スチームコンベクションオーブン**があり,「家庭用」では**スチームオーブン**がある。あるメーカーが家庭用のオーブンで過熱水蒸気を利用した機種を売り出したときに,"水で加熱する"というキャッチフレーズが使われたのである。これは意外性があって,とても宣伝効果のあるものだったと聞いている。

　「スチームコンベクションオーブン」はドイツで開発されたものであり,日本でも20年ぐらい前からレストランや集団給食の厨房などで広く使われるようになっている。ほとんどの機種で蒸気量の調節ができるようになっており,つくる料理に合わせてスチームをたくさん入れたり,または全く入れないで使うことができる構造になっている(図5-2参照)。スチームを

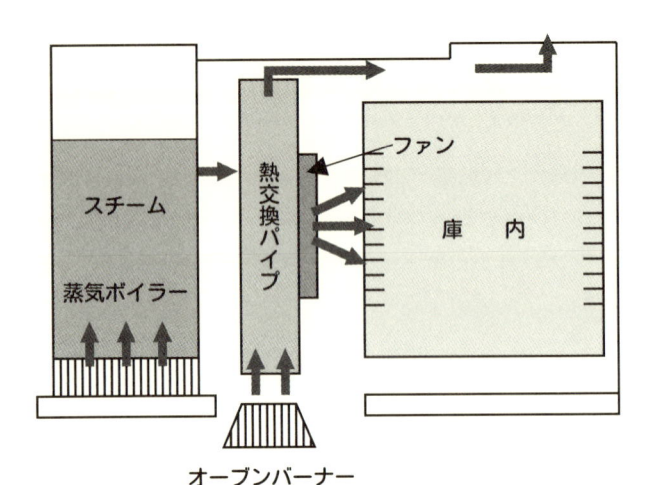

図5-2　スチームコンベクションオーブンの構造（略図）

全く入れない場合は、オーブンの強制対流式のもの（**コンベクションオーブン**）と同じである。

「スチームコンベクションオーブンの小型版」が「家庭用のスチームオーブン」で、今は先に述べたオーブンレンジに蒸気噴出機能を加えて、**スチームオーブンレンジ**として販売されている（図5-3参照）。最近は、どの家庭電気機器メーカーもスチーム機能をオーブンレンジに加えている。

これらは、「業務用」と「家庭用」で**パワーの違いはあるが、原理は同じ**で、水を加熱して蒸気をつくり、その蒸気をさらにヒーターで加熱して「過熱水蒸気」をつくる仕組みである。熱源としては「ガス」や「電気」が使われている。

業務用の**スチームコンベクションオーブン**は、大がかりなもので、1つの機器の中に何段もの天板（ホテルパン）を入れ、

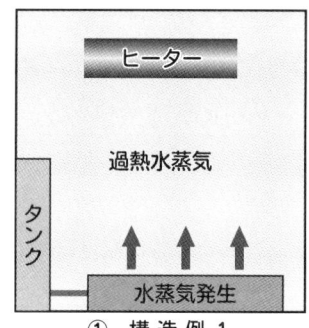

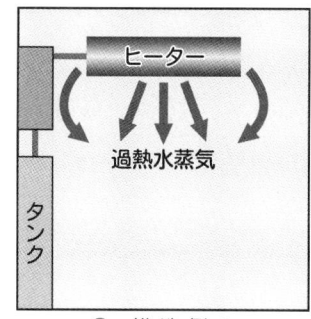

① 構造例1　　　　　② 構造例2

ほとんどのオーブンに電子レンジ機能もついている。
図5-3　家庭用スチームオーブンの構造例（略図）

同時に大量の調理ができる点や、温度調節や時間の管理なども自動的に行えるようになっている点で高機能であり、すでに厨房では欠かせない調理加熱機器になっている。

　家庭用の**スチームオーブン**は、電気を熱源とするものが主流である。日本の家庭には多くの場合、100V（ボルト）の電源しかきていないので（200Vの電源を引くこともできるし、今つくられている全電化マンションでは200Vの電源が引かれているが）、今つくられているスチームオーブンレンジは100V対応になっている。このため、電源の制約（100V）があるのでハイパワーは望めないが、過熱水蒸気を利用する原理としては同じである。家庭用の「オーブンレンジ」に「蒸気の噴出機能」を加えているので、電子レンジの機能を部分的に上手に使うことができるから、自動機能では、電子レンジとヒーター、スチームなどの機能の組み合わせが工夫されて小まわりがきくようになっている。

3 スチームコンベクションオーブンとスチームオーブンの向き・不向き

「スチームコンベクションオーブン」と「スチームオーブン」を実際に使って、どんな料理に利用したらよいか、料理の向き・不向きなどを調べてみた。

スチームコンベクションオーブンやスチームオーブンレンジは、**蒸す機能**と**焼く機能**の両方をもっているのだから、「蒸し器」の代わりに使ったり、「オーブン」の代わりに使ったりすることができる。

① 茶碗蒸しはトロリとなめらかに とくにスチームコンベクションオーブンは大量に同時に加熱できるし、温度調節の機能がしっかり備わっているので、**蒸し器の代わりに使うと抜群の能力を発揮する**。

「蒸し器」で、茶碗蒸しをつくったり、カスタードプリンをつくったりすることは、温度管理がむずかしく、温度が低いと固まらないし、温度が高すぎると「す」がたってしまって失敗することが多い。おまけに火加減によってトロリとした滑らかさの加減も変わってくる。温度調節のむずかしい料理なのであ

なめらかプリン

る。でも，これらの機器を使って設定を間違えなければ，だれでもバッチリ失敗なく上手につくることができる。まず，**蒸し料理**，とくに**卵を使った料理**が一番のお勧めの料理である。

　家庭用のスチームオーブンレンジでもこの種の料理は得意種目である。

　②　中華饅頭が焦げる？　　「蒸し器」として使う場合の例として，「中華饅頭などを蒸す」こともあげられる。「蒸し器」で蒸すとしっとりと白く蒸し上がる。**蒸し器**ではそれなりに時間がかかるので（お湯を沸かす時間を含めて10〜15分くらい），素早くできる**電子レンジ**を使ってしまうこともあるが，蒸気で蒸して，皮に十分に水分が補給されてしっとりできているものにはやはり味はかなわない。

　果たして，**スチームコンベクションオーブン**の出番は，どうであろうか。業務用のスチームコンベクションオーブンはパワーがあるので，ボタンだけで簡単に操作できるが，やはり時間はかかる。そこで，スチームコンベクションオーブンの温度を高めに設定すれば，はやくできるかな？と考えて，やってみると，口絵写真2のような***表面が焦げた焼き中華饅頭***ができた。これはこれで，表面がパリッとして香ばしい香りもつき，たいへんおいしい食べ物であるが，「蒸した中華饅頭」とはちょっと違ったものになってしまった。前に述べたように，水の中（蒸気の中）で加熱しているのだが，水分は蒸発し，表面の温度が上がって「焦げ」ができたのである。

　おまけに，中のあんが70℃くらいの食べごろになるための加熱時間は，温度を高くしてもほとんど変わらないのである（饅

頭の中を伝わる時間が長いため)。

スチームコンベクションオーブンを蒸し器の代わりに使うときには温度を高く設定することは意味のないことなのである。蒸し加熱の機器として使って「食品の水分を蒸発させない」ためには，100℃以下に設定する必要がある。

③ **ゆで料理にも使う**　ゆでるという加熱方法はいろいろな目的があるが，そのなかで「野菜などをやわらかくする」ためにゆでることがある。この調理法に**スチームコンベクションオーブン**を使うことができる。ホテルパン（天板）の上に野菜を並べて100℃に設定してスイッチを入れると，数分でしんなりゆでた状態になる。普通にゆでる場合は，水の中で加熱するので水に溶ける成分は水の中に流れ出て失われる可能性があるが，スチームコンベクションオーブンで加熱すると，**水の中に溶け出す心配がなく，うま味の成分やビタミン類などが食品中に残る**（図5-4参照）。おいしく，栄養的な調理法ということができるだろう。

家庭用のスチームオーブンレンジでも，ゆでる代わりに使うことができるはずだが，これはちょっと**時間がかかりすぎて**お勧めではない。大きなスチームコンベクションオーブンと違ってパワー不足なので，ゆでるのと同じように加熱するための蒸気を充満させるのに時間がかかるのである。電子レンジと同居しているので電子レンジの助けを借りて野菜をやわらかくするように設計されているものもある。「スチーム機能を使う」よりラップで包んだり，蓋のある容器に入れて，**電子レンジで加熱したほうが簡単**なようである。

```
(%)
90

残
存  70
率
   50

   30
      スチームコ   普通に鍋で
      ンベクショ   ゆでる
      ンオーブン
```

**スチームコンベクション
オーブン**：100℃に設定,
3分加熱
普通のゆで加熱（鍋）
：3分ゆでる

スチームコンベクションオーブンで加熱すると，普通にゆでるよりもビタミンCがたくさん残る。
加熱時間はほとんど変わらないが，湯を沸かす手間は省ける。

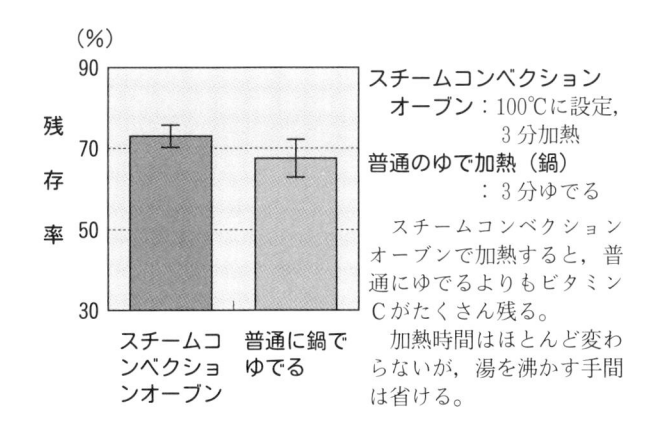

図5-4　キャベツをゆでたときのビタミンCの残存率

④　魚や肉を焼いてみる　「オーブン」と同じように焼くこともできる。もちろん蒸気が噴出しないように設定しておけば，オーブンとして使うことができるわけある。しかし，「スチームを入れて焼く」とどんな特徴が出るのだろうか。

焼く調理は，中が適温になったときに「表面にほどよい焦げ色」がついている必要がある。肉や魚を焼くときの中心の適温はあまり高くはない。せいぜい70〜80℃程度であり，温度が高くなりすぎるとかたくなる。表面に焦げ色がつくためには，120〜130℃の温度になることが必要である。過熱水蒸気で加熱すると，肉や魚の表面にまず水がつく。まわりの気体の温度が高くても食品の表面に水がある間は，食品表面に伝わった熱は中へ伝わるものと水の蒸発とに使われる。もともと食品はたくさんの水を含んでいるので，しばらくの間，表面温度は100℃以上には上がらないので，表面に焦げ色はつかない。

こんな特徴があるから，**薄い肉**(2 cmくらいの厚さまで)を焼く場合には，中の温度が適温(70〜80℃)になるのがはやいので，結局，表面の温度は上がらず，表面はゆでた状態で，とても焼いたものとはいえないものができ上がる。表面に焦げ色がつくまで待っていると中の温度が上がりすぎてかたい焼き肉になってしまう。

　中が適温になるまでの焼き時間については，確かに時間短縮されるので，**加熱時間が短くてすむ**という効果がある[2]。したがって，**大量の肉を料理するには好都合**である。庫内の温度を高めに設定すると時間が短くなると思いがちであるが，何度に設定しても(100℃にしても200℃にしても)，***中が適温になるまでの加熱時間は変わらない。***

　まとめると，**薄い肉の料理**にスチームコンベクションオーブンを使うと，①はやくできるが，②表面の焦げ色は期待できない，③庫内温度は100℃に設定すれば十分である，といえるようである。このゆで肉のような焼き肉(?)はソースや調味料を工夫する必要がある。

薄切り肉は
焼き色が
つかずに
できあがり

塊の厚い肉の場合（焼き豚やミートローフ）には，中の温度が上がるための時間がかかるので，**表面には適度な焦げ色がつく**。表面の加熱のされ方ははやく，固まり方も普通にオーブンで焼く場合よりもはやいはずなので，中からの肉汁の流出が少なくてジューシーにできるとか，多少加熱時間が短縮されるとか何かの効果が期待されるところであるが，これまでに行った実験では残念ながらはっきりと実証されていない。これまでどおり**オーブンで焼くのとあまり変わらない**のである。

　今のところ，**塊肉**（たとえば，直径 4 cm 以上の円筒形）**を焼くときには，過熱水蒸気を利用する効果はあまりない**というさびしい結論になる。

　魚の場合も同様で，スチームコンベクションオーブンで魚の切り身を焼くときなどは，「薄い切り身」では普通のオーブンで焼くよりもはやくできるが，焼き色がつきにくい。「厚みのある切り身」の場合も必ずしも過熱水蒸気を使う必要はないようである（写真 5-1 参照）。

　家庭用のスチームオーブンレンジでは，蒸気発生のパワーにも問題があり，この場合も過熱水蒸気の利用はそれほど効果的とは思えない。

　肉や魚を過熱水蒸気で焼いてみて，いくつかの例からみると表面の**焦げ色が不均一**になっているのが気になる。焼き豚の場合などは，ひもをかけて形を整えて焼くが，そのひもで窪んだ部分が白っぽく残る。これはたぶん，加熱の最初に付着した水が窪みにたまり，その部分の水の蒸発のために温度上昇が遅れるためではないかと思われる。写真 5-1 の魚を焼いた例の写

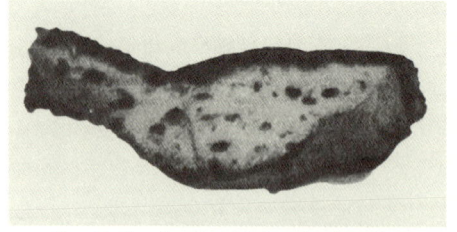

① スチームコンベクションオーブン
（300℃に設定，焼き時間同じ）

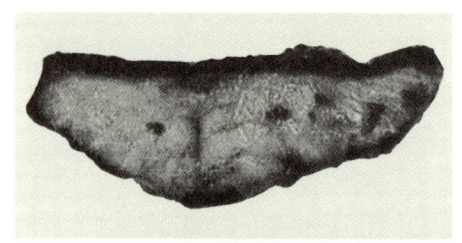

② 強制対流式オーブン
（300℃に設定，焼き時間同じ）

写真 5-1 スチームコンベクションオーブンと強制対流式
（オーブンで焼いた鮭の比較）

● 温度を300℃に設定した場合には，両オーブンで焼き時間は変わらない（温度を低く設定した場合には，スチームコンベクションオーブンのほうが強制対流式オーブンより時間がかからない）。

● 焦げむらは強制対流式オーブンのほうが少なく，きれいに焼けている。

真（スチームコンベクションオーブン）でも，魚の表面は多少の凸凹があるので，同じことがいえる。これではわざわざ過熱水蒸気を使う必要はなさそうである。

⑤ **ケーキを焼く** スチームコンベクションオーブンで直径18cmのスポンジケーキを焼いてみたが，なかなかおもしろいことがわかったのでご紹介しよう[3]。

「過熱水蒸気を利用した場合」と「オーブン加熱をした場合」を比較してみた（写真 5-2 参照）。「同じ庫内温度」で，「同じ時間焼く」と，過熱水蒸気で焼いた場合は，**色の濃い山形のか**

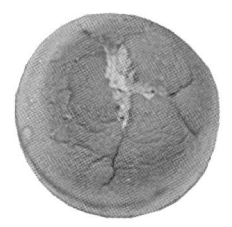

① **スチームコンベクションオーブン**
（180℃に設定，焼き時間25分）

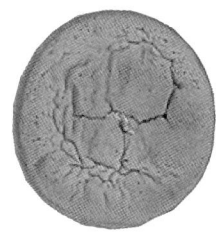

② **強制対流式オーブン**
（180℃に設定，焼き時間25分）

- スチームコンベクションオーブンで焼いたケーキは山形になり，焼き色は濃く，かためにできる。
- 25分では焼きすぎである。最短11分で焼くことができる。

写真5-2 スチームコンベクションオーブンと強制対流式オーブンで焼いたケーキの比較（180℃設定で25分焼いたケーキの比較）

たいケーキが焼き上がった。これは明らかに「焼きすぎ」である。そこで，ケーキの中心部の温度を細かく測って，「ケーキ内部の一番温度の上がりにくい部分がケーキが焼ける温度（90℃）」になるまで焼いてみた。必要な時間は，「オーブン」では23分，「スチームコンベクションオーブン」では11分で，**半分以下の時間**で焼くことができた。でも，形はやはり写真5-2にあるような山形になっていた。「表面の焼き色」や「内部のかたさ」は同じようなものができていた。これは**過熱水蒸気では初期に多くの熱が伝わり焼き時間が短くてすむが，最初に表面が固まってから中が膨れてくるため山形になるのである**。実

際にスチームコンベクションオーブンでケーキを焼く機会が多いかどうかはともかくとして、このケーキの例は、過熱水蒸気での加熱の特徴をよく表している。

　家庭用の「スチームオーブンレンジ」では、ケーキを焼くときの条件は自動モードで設定されている。ケーキが山形になることは一般的には好まれないので、この自動制御のプログラムでは、**蒸気の噴出は、ケーキの焼き時間の半ばすぎか、終わりの部分になるように設計**されている。この条件ではたぶんケーキの表面は100℃以上になっているだろうから、過熱水蒸気の水分の凝縮が起こって潜熱を与えるという特徴は発揮できないであろう。オーブン付属のクックブックでは、蒸気を使う自動モードを使うとよく膨れてしっとりできるようなことが書いてあるものもあるが、私たちの実験ではそのような効果は見いだされていない。その他の効果が何かあるかどうか、今のところはっきり断言することができない。

⑥ ヘルシーに料理できる？　過熱水蒸気を使った家庭用のオーブンが売り出されたときに、このオーブンで焼くと肉や魚の油（脂）が焼いている途中にたくさん落ちること、塩鮭などの塩分が少なくなることが特長と謳われた。現在の食生活で多くの人が気を使っている「脂のとりすぎ」や、「塩分のとりすぎ」に効果がありそうということで、**ヘルシー志向の方には魅力的な機器**との印象が強かった。

　「脂を多く含む魚や肉を焼く操作」では、必ず脂が滴り落ちる。焼くときの火加減などで出てくる脂の量が違ってくることは当然予想できる。「脱塩」についても、加熱の始めごろに食

品の表面に水がつくのでその水がうまく流れ落ちてくれれば，表面を洗い流す効果があるかもしれない。確かに，過熱水蒸気を使った場合には，脂の減り方が多かったとか，塩分の減り方が多いというデータは出されているが，このようなデータは，食品の種類とか切り方（サンプルのとり方），加熱方法，火加減などで簡単に変わるものなので，もう少しいろいろな場合について実験を重ねる必要があるように思われる。

　焼くときに落ちる脂の量が何％(パーセント)多いか少ないかを気にしたり，表面を洗い流すことによる塩分の減少に期待するよりも，むしろ食事の「食品の組み合わせ」や「食べる量」，一般の料理の「調味料の使い方」に注意をしたほうがヘルシーであると思うのだが，いかがだろうか。

　そのほか，**酸素のない状態の加熱**なので，*酸化されやすい成分が壊されない*という利点がある。また，加熱後の色合いが少し違うという現象も起こる可能性がある。

　ビタミンの破壊率が少なかったとか，その他の壊されやすい成分が残っているとの数値のついたスチームオーブンのパンフレットもある。これはその実験の範囲では確かなことと思われるが，食事全体を考えるとすべての調理をスチームオーブンで行えるわけではないので，大切なことはやはり「食品の組み合わせ」と「量」であると思われる。

　スチームコンベクションオーブンは，大量調理では有力な加熱機器として今後も活躍するであろう。家庭用の**スチームオーブンレンジ**のスチームの機能も熱源が200Vになれば，今よりももっとパワフルでいろいろな料理に活用できるものと思われる。

●参考文献●
1) 山田晶子ほか：家政誌, **53**, 331, 2002
2) 渋川祥子, 大石恭子：食肉に関する助成研究調査報告書24, p.230, 2006
3) 大石恭子, 渋川祥子：調理科学, **41**, 18, 2008

第6章
遠赤外線加熱の「なぞ」

イタリアの石窯
どうしておいしいピザは焼けるの？

1 「見えない光」が熱を伝える

1. 赤外線が熱を伝える

「熱の伝わり方」が3種類あることは，よく知られている。①**対流**と②**放射**と③**伝導**である。

このなかで，**放射**（輻射）による熱の伝え方というのはどういうものだろうか。その例としてよく「お日様にあたると温かい，この現象です」と説明される。「光」は**電磁波**の仲間で，私たちの見ることのできる波長は限られており（320nm～780nm），それより短い波長の部分も，長い波長の部分も人間には見えない。見える波長は短い順に**紫から赤**まで，おなじみの「虹の色」であるが，**赤よりも波長の長い部分を赤外線**と呼ぶ。赤外線は別名**熱線**とも呼ばれるように，**熱を伝えることができる**。これを**輻射**（放射による伝熱）という。

物質があると，そこからは温度に応じた赤外線が放出されている。温度が高いと多くの赤外線が放出される。赤外線が他の

紫・藍・青・緑・黄・橙・赤

七色の虹が
きれいに見える

物質に届くと，そこで吸収されて熱に変わる。日なたにいて暖かいのは，太陽から放出された赤外線が私たちの皮膚に届き，そこで吸収されて熱になるからである。調理での加熱も同じことで，たとえばオーブントースターのヒーターの表面が高い温度になり，そこから出てくる赤外線がパンの表面で熱に変わって，加熱されることになる。

加熱されるものと熱源の間に空気があるかないかとか，その空気が何度なのかにはあまり関係なく加熱することができる。冬の寒い日，気温は低いのに陽の光のあたる日なたは暖かいという経験からもこのことがわかる。

昔から，料理で焼き物をつくるとき「直火焼きは強火の遠火で焼くといい」といわれてきた。これは**炭などの熱源から出る輻射熱を全面に受けて焼くと上手に焼ける**ことをいっている。

2．遠赤外線って何？

1990年ごろから数年間**遠赤外線**で加熱すると食品がおいしくなると盛んにいわれたことがあった。遠赤外線が，何か魔法の光のように食品の味を変えるかのようにいわれたのである。「遠赤外線焙焼(ばいしょう)コーヒー」とか，「遠赤外線乾燥海苔(のり)」などの表示もあったし，石焼きいもがおいしいのも遠赤外線のためといわれた。もちろん，今も一部でいわれている。

遠赤外線とは何だろうか。図6-1に示したように「見える光の赤よりも波長の長い部分」が**赤外線**であり，そのなかでも「赤からより遠い波長の部分」，すなわち「波長のより長い部分」を**遠赤外線**と呼んでいる。赤外線は波長の短い順に，「近赤外

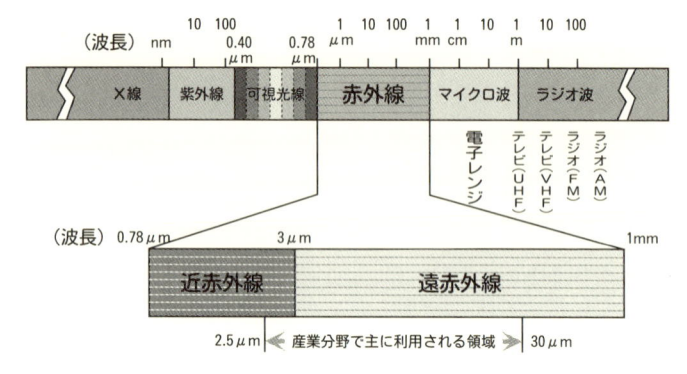

図6-1 電磁波と遠赤外線の波長

線」,「中赤外線」,「遠赤外線」に分類される。波長がどのくらいの数値からを遠赤外線というかについては,専門分野によって違うようである。食品などを対象として扱っている分野では3μm(マイクロメートル)以上の部分をいっているし,工学の分野ではもっと長い部分を指しているようである。

いろいろな物質は温度に応じて「赤外線(輻射熱)」を出しているが,その波長は温度とそのものの性質(**放射率**)によって決まる。遠赤外線をたくさん出すような性質のものを**遠赤外線放射体**と呼んでいる。たとえば,**木炭や石・ある種のセラミックなど**は遠赤外線を出す性質がある(遠赤外線の波長部分の分光放射率が高い)。

この遠赤外線で食品を加熱するとどうなるのか,いろいろな試みがなされた。いくつかの例を紹介しよう。

「遠赤外線をよく出すような塗料で塗装をした魚焼き網」と「そのような加工をしていない魚焼き網」の2種類で,同じ火

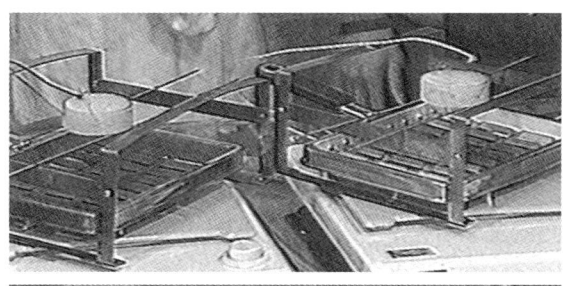

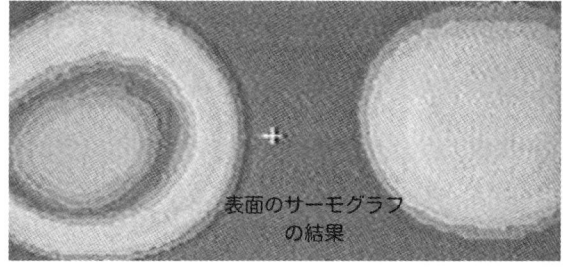

① 遠赤外線加工焼き網　　　　② 加工なし焼き網

- 同じ火加減のガスこんろに2種類の魚焼き網を乗せ，魚（魚のモデル）を加熱した。
- 8分後の表面温度は遠赤外線加工魚焼き網のほうが高かった。遠赤外線加工網のほうは150℃以上，加工なしは100℃に達していない。

写真6-1　遠赤外線魚焼き網の実験

力のガスこんろで魚を焼いてみた。この結果，**遠赤外線加工の魚焼き網のほうが魚の表面にきれいな焼き色がついてはやく焼けた**。そこで，同じ時間焼いたときの魚の表面温度を比較してみた（図6-2）。写真6-1はそのときの表面温度を表している。遠赤外線加工をしてある網で焼いたものは，明らかに温度が高くなって効率よく焼けていることがわかる。

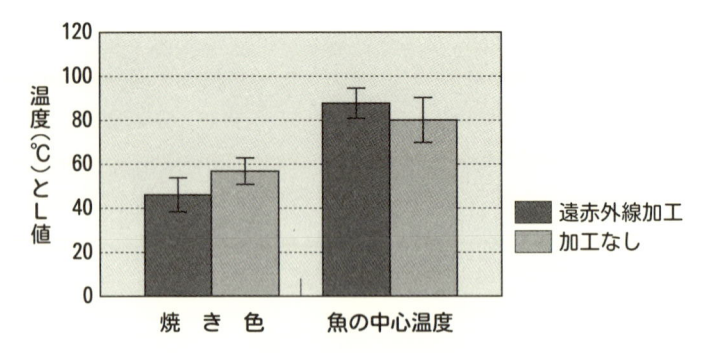

● 魚を2種類の網で，同じ時間・同じ火加減で焼いた結果，遠赤加工魚焼き網のほうが中心温度が高く，表面の焼き色は濃くついている。
● 焼き色はL値で示しており，値が低いほうが色が濃い。

図6-2　遠赤外線魚焼き網で焼いた魚の温度と焼き色

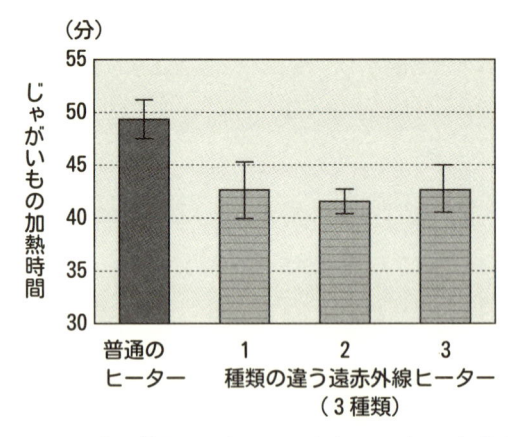

● ヒーターを取り替えて，じゃがいもをオーブンで加熱したときの所要時間。
● 遠赤外線ヒーターのほうがはやく焼ける。

図6-3　遠赤外線による加熱時間の短縮

また,「電気ヒーター式のオーブン」に使うヒーターを普通のヒーター(**シーズヒーター**)から**遠赤外線ヒーター**(遠赤外線部分の放射率の高いセラッミックなどのヒーター)に取り替えて,ケーキを焼いたり,トーストを焼いたり,じゃがいもを焼いたりしたときに,**遠赤外線ヒーターでは焼き時間が15〜20％短縮される**こともわかっている(図6-3参照)。

　これらの例にみられるように,**遠赤外線で加熱すると加熱の効率がよくなる**のは確かである[1]。

　そのほか,これまでは「熱風で乾燥させていた食品」を**遠赤外線ヒーターを使って乾燥させると効率がよく,よい製品ができる**といったたくさんの報告がある[2]。

　同じ火力で効率よく焼けるとなると,省エネルギーにもなるわけである。確かに,**遠赤外線による食品の加熱**は効率的であり効果的であるといえる。

2　遠赤外線加熱の特徴
遠赤外線は食品の中まで浸透するの？

　遠赤外線を多く放射する熱源で食品を加熱すると効率よく加熱できることはわかったが,それは「なぜ？」なのだろうか。

　遠赤外線が話題になったころには,遠赤外線は食品の中まで浸透するからだといわれた。ほんとうにこのために遠赤外線加熱は効率がいいのだろうか。当時,いろいろな人が「遠赤外線は食品の中まで浸透するので」と説明をしていた。たぶん,電子レンジとの関係でそのように考えたのだと思われる。図6-

1に示したように,電磁波のなかで,遠赤外線よりももっと波長の長い**マイクロ波**が「電子レンジ」に利用され,この場合**食品の内部に浸透する**ので,遠赤外線も内部に浸透すると考えたのではなかろうか。

しかし,実際に「遠赤外線ヒーターをつけたトースター」でトーストをつくると,**表面の焦げた層が薄くパリッとしていて,中はしっとりしたおいしいトースト**が焼き上がった。もし,遠赤外線が食品の少し中まで入るとすれば,これは厚い乾いた層ができるはずだから,ちょっと変だなと思ったのである。

ほんとうに中まで浸透しているのかどうかを知りたくて,いろいろ試してみた。赤外線を細かく波長ごとに分けることのできる機器でそれぞれの波長の光が食品の中に入る距離を測定したり[3],実際に食品を加熱してでき上がりを比較したりした。その結果,**遠赤外線は決して食品の中まで浸透していないこと**

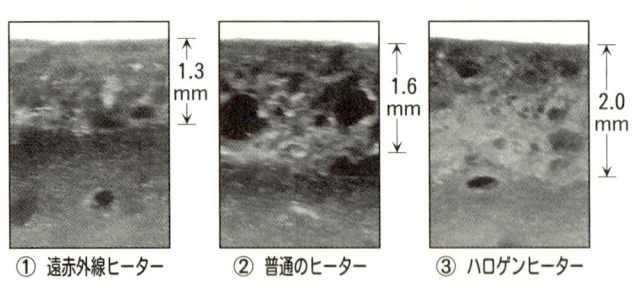

① 遠赤外線ヒーター 1.3mm
② 普通のヒーター 1.6mm
③ ハロゲンヒーター 2.0mm

● 各種のヒーターで上から加熱したとき,上部にできる乾いた層の厚さの比較。
● 遠赤外線ヒーターでは層が薄く,ハロゲンヒーターでは乾いた層が厚い。

写真6-2 赤外線の種類による表面の焼け具合
(加熱した魚のすり身の断面)

がわかった。工学の専門家である研究者の研究結果からもそのことが証明されている[4]。

わかりやすい結果のひとつを写真6-2に示した。これは，魚を焼くことを想定して，魚のすり身の塊（かたまり）を性質の違うヒーターで上から加熱したときの「魚のすり身の断面図」である。もちろん，加熱するときの火加減（熱量）は同じにしてある。上部のゴツゴツかたそうに見える部分が乾いた層である。「遠赤外線ヒーター」を使ったときはこの乾いた層が薄く，「ハロゲンヒーター」の場合には層が厚くなっている。

ハロゲンヒーターというのは，よく暖房器具に使われているパッと明るくなるヒーターのことである。このヒーターは明るくなることからもわかるように可視光（私たちの目に見える光）とそれに近い赤外線（近赤外線）を多く放出している。すなわち，*遠赤外線より短い波長*を出している。

このハロゲンヒーターでは「厚い層」ができているし，一方，遠赤外線では「薄い層」ができていることから，**近赤外線**は食品の表面から数mm（ミリメートル）ほど中に浸透するのに対し，**遠赤外線**は食

パッと明るい
さっとあったかいハロゲンヒーター

2　遠赤外線加熱の特徴

品の中に浸透せずに表面のごく薄い部分を効率よく加熱していることがわかる。この結果は，トースターで「遠赤外線ヒーター」を使ったときに，表面の焦げ層が薄くパリッとしたトーストが仕上がったこととも一致する。

　もうひとつ例をあげよう。オーブントースターに「遠赤外線の強いヒーター」(**セラミックヒーター**)と「近赤外線の強いヒーター」(**ハロゲンヒーター**)をつけて冷凍食パンをトーストした場合の例である(図6-4，写真6-3参照)。この2つの消費電力は同じである。内部温度の上がり方は「ハロゲンヒーター」がはやく，表面の焼き色のつき方は「セラミックヒーター」がはやくなっている。

　これらのことから，同じ赤外線加熱でも「近赤外線」なのか，「遠赤外線」なのかによって加熱のされ方が違うことがよくわかる。そして，**遠赤外線は食品の中まで浸透するのではなく，食品の表面を効率よく加熱する性質のものであることも証明**できる。ヒーターの出す「赤外線の種類」によって，加熱のされ方が違い，でき上がりの違うものが完成することがわかるのである。

　これは暖房器具が人体に対するときでも同じなので，遠赤外線暖房機の説明で「遠赤外線は体の中まで温めますよ」といわれたとしたら，それはちょっと？(疑問)である。体の中まで(数mmではあるが)は，むしろハロゲンヒーターの場合の説明である。ちょっと話はそれるが，ハロゲンヒーターは波長が可視光に近いので明るく目に見えるとか，すぐに温まるといった特徴もある。

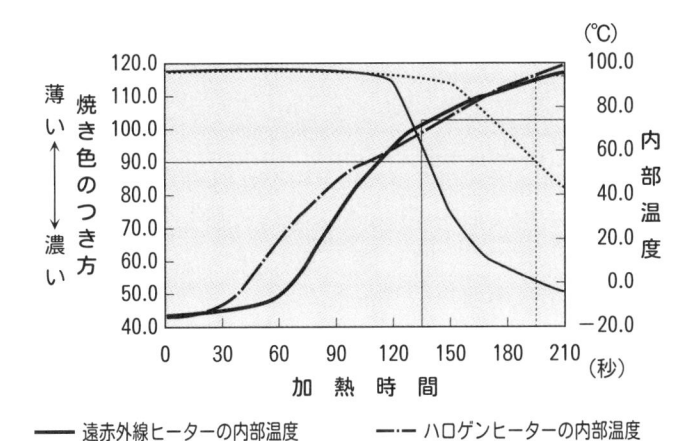

図6-4 遠赤外線ヒーターとハロゲンヒーターの内部温度と表面の色づき

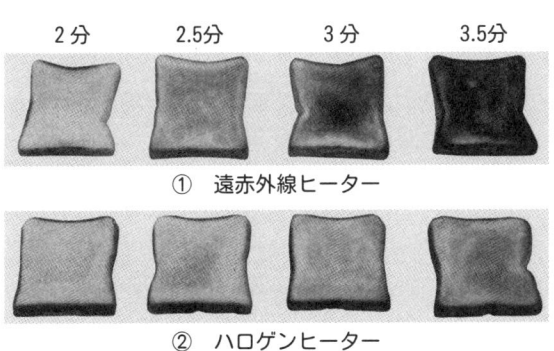

―― 遠赤外線ヒーターの内部温度　―・― ハロゲンヒーターの内部温度
―― 遠赤外線ヒーターの焼き色のつき方　…… ハロゲンヒーターの焼き色のつき方

① 遠赤外線ヒーター

② ハロゲンヒーター

- 冷凍食パンを遠赤外線ヒーターとハロゲンヒーター（近赤外線が強い）で焼いたときのパンの中心温度の変化と表面の焼き色の違い。
- 内部温度はハロゲンヒーターのほうがはやく焼き上がり、表面の焼き色は遠赤外線ヒーターのほうがつきやすい。

写真6-3　遠赤外線ヒーターとハロゲンヒーターのパンの焼け方の違い

2　遠赤外線加熱の特徴

ヒーターのついた器具を買うときには,「ヒーターの種類」にちょっと注意！である。

　遠赤外線が話題になったときに「石焼きいも」がいつもとり上げられたので,遠赤外線で焼くというとすぐに石焼きいもを連想する方もあるだろう。冬の寒い日ホカホカの石焼きいもは,ほんとうにおいしいものである。

　石焼きいもは火を燃やして砂利(じゃり)を加熱し,その中にさつまいもを入れて焼く方法である。加熱された石からは確かに遠赤外線が出ているものと思われる。その中で焼くので「遠赤外線の存在」で,いもがおいしくなるかといえば,どうもそうとは考えにくい。

　1つのいもを加熱するのに,熱い石に埋めてからだいたい1時間程度かかる。いもはゆっくり加熱されるので,その間にいもの中では酵素によってデンプンが甘い糖に変わるという変化が起きている。熱は,石からいもに伝わるが,その伝わり方は

一部は遠赤外線で伝わるであろうが，それだけではなく，石といもが接触すること（**伝導伝熱**）によっても伝わると考えられる。石と石の間には空間があるので，水分の蒸発も適当に起こり，いもの水分が少し減って味が濃縮される。皮には適当な焦げができ，それが香ばしいにおいの原因にもなる。

このように「加熱時間が長いこと」や「水分が蒸発しやすいこと」などが重なって，あのおいしいアツアツの石焼きいもができるのである。熱源が「遠赤外線のため」という理由は小さそうである。

「遠赤外線で効率よく加熱できる」のは，**遠赤外線部分の波長は食品の成分（とくに水）に吸収されやすく，吸収された部分ですぐに熱に変わるため，表面部分を加熱することになる**のだと考えられる。

3 石窯焼きの特徴

石窯焼きパンはおいしい？

今，ちょっとグルメなベーカリーでは「石窯で焼いたパン」を並べている。レンガなどで築いた重厚な石窯がデンと置いてあると，いかにもおいしいパンが焼けそうな感じがする。また，

皮はパリッと
中はふんわり

←1/2の大きさに復元されたもの

写真6-4 ポンペイの石窯

写真6-5 石窯の例

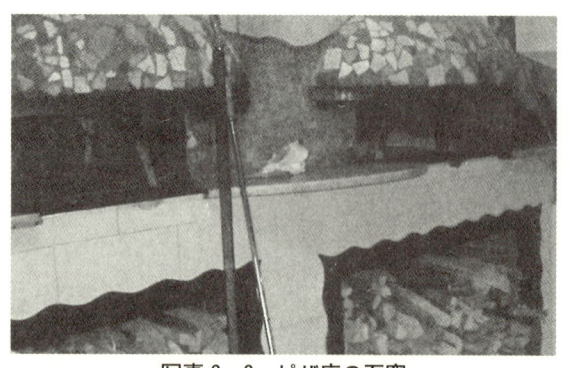

写真6-6 ピザ店の石窯

ピザを焼いているお店も石窯を使っている。

南部イタリアのポンペイの遺跡にも立派な石窯がある（第4章扉写真，写真6-4参照）。大昔から（2000年以上前から）石窯でパンを焼いていたことがわかる。現在でも，ピザの本場イタリアではちょっとしたこだわりのあるお店はほとんど薪を燃やす石窯を使っている（写真6-6参照）。文明の発達した今もやはり石窯を使うのは，何か理由があるからに違いない。「家庭用電気オーブン」でも石窯と同じように焼けることを宣伝文句にしているオーブンも売り出されている。

石窯はオーブンの一種と考えることができるが，石窯にはどんな特徴があるのだろうか。石窯も遠赤外線が出るのでおいしいパンが焼けると思っている人もいる。レンガや石は遠赤外線を出しやすい性質があるので，輻射熱のなかに遠赤外線も含まれているに違いないが，その他の理由もあるであろう。

1．いろいろな石窯の特徴

オーブンのところで述べたようにオーブンは構造によって加熱の仕方が違い，焼き上がったものも差ができる。そこで，**石窯の加熱の仕方（放射伝熱の割合）を測定してみた**[5]。

石窯といわれている東京近郊のいくつかの窯で測定させてもらった（表6-1）。その結果，**石窯焼きは輻射熱が強い**（放射伝熱の割合が高い）ことがわかった。オーブンのところでも述べたように，放射の割合が高いオーブンでは色づきのよいものが焼けやすいので，これが石窯の特長であろう。ただ，残念ながら，石窯から出ている輻射熱に遠赤外線が多いかどうか（分光

表6-1 石窯の熱の伝え方の例

オーブンの種類	石窯A (スペイン型)	石窯B (ポンペイ型)	石窯C (ピザ型)	石窯D (ピザ型)
熱伝達率 (W/m²・K)	24	22	37	32
放射伝熱の割合 (%)	75	83	89	75

A, Bは薪を燃やし, それをかき出して使うタイプ
C, Dは窯の端のほうで, 薪を燃やし続けるタイプ

放射率)を測定することはまだできていない。同時に熱を伝える能力(**熱伝達率**)の測定もしたが,「強制対流式」に比べてあまり高い値ではない。実際に使われている石窯の温度が高め(200〜250℃くらい)に設定されているのはこのためである。

本式の石窯は「レンガ」や「石」でつくられていて, 薪を燃やして熱源とする(写真6-5)。たいへんに手間がかかる。まず, 薪を十分に燃やして窯を熱する。石やレンガはなかなか温まらないが, 一度温まると冷めにくい(熱容量が大きい)特徴がある。薪を燃やしたあとは, 灰を掻き出して熱くなった窯にパンを入れたり, 窯の隅で薪を燃やし続けながらピザを焼く。十分に温まった窯の壁面からは輻射熱が出て, 中のパンやピザの生地は輻射熱と熱い空気で加熱されることになる。レンガや石からの輻射熱には遠赤外線部分が含まれているはずである。「輻射熱に遠赤外線の含まれる割合」は温度によっても変わる(**プランクの法則**)が, 温度範囲から考えても, 遠赤外線はたくさん含まれていると考えられる。

薪を使う手間を省いて, 熱源は「ガス」や「電気」を使う場

合でも,オーブンの壁を十分に厚くして保温力を高めたり,放射熱の,しかも遠赤外線の出やすい材質で壁面をつくり,**石窯に似せたオーブン**がつくられている。たぶん,このようなオーブンでは「本式の石窯」と同じようなものが焼き上がるだろう。

しかし,外側だけレンガや石を使って石窯の雰囲気を出していても,窯の中の熱源が「ガスで熱風循環式」(強制対流式)だったりする**みせかけだけの石窯風オーブン**では,石窯としての加熱の意味はあまりないのである。

2. 石窯焼きパンの特徴

今こだわりのベーカリーが,石窯で焼くパンはどんな特徴があるのだろうか。同じパン種を「本式の石窯」で焼いたものとそうでないオーブンで焼いたもので比べたいのだが,実験ではなかなかそうはいかない。

そこで,「輻射の強いオーブン」と「対流の強いオーブン」ではどのようにパンの焼け方が違うかを比べてみる実験をした[6]。遠赤外線の効果も知るために,「輻射の強いオーブンの壁を遠赤外線の出やすい材質にしたオーブン」も使用した。

同じパン生地を3種類のオーブンでパンの内部の温度がほとんど同じになるように焼いた結果,**輻射熱の強いオーブンで焼いたパンは,皮(クラスト)がしっかりしていて,内部はしっとりとやわらかい**ことがわかった(図6-5)。このことから,「石窯で焼くと外側がしっかりしていて,内部のやわらかいパンを焼くことができる」と考えることができる。ふわふわでクラストの薄い食パン風のパンではなく,「ヨーロッパ風の皮の

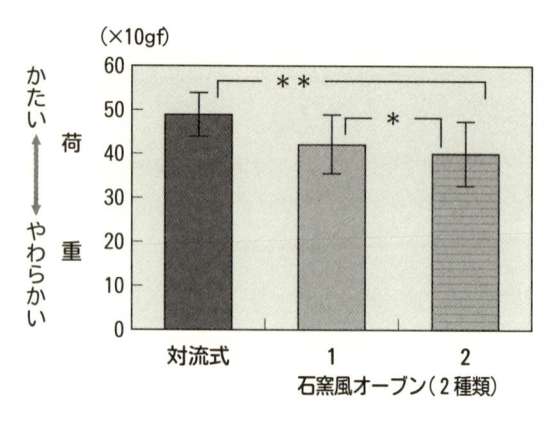

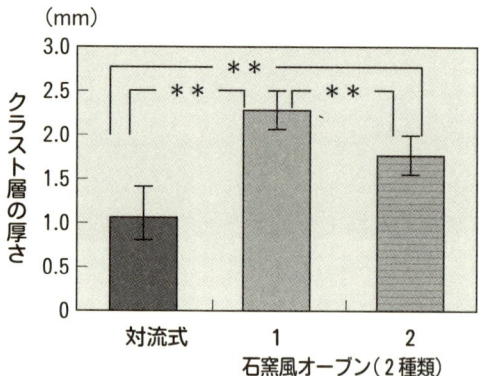

(×10gf)

かたい ← 荷重 → やわらかい

縦軸目盛: 0, 10, 20, 30, 40, 50, 60

横軸: 対流式, 1, 2 　石窯風オーブン(2種類)

** (対流式と2の間)
* (1と2の間)

(mm)

クラスト層の厚さ

縦軸目盛: 0, 0.5, 1.0, 1.5, 2.0, 2.5, 3.0

横軸: 対流式, 1, 2 　石窯風オーブン(2種類)

** (対流式と1の間)
** (対流式と2の間)
** (1と2の間)

● 石窯風の輻射の強いオーブンと強制対流式のオーブンで焼いたパンの内部(クラム)のかたさと表面の皮(クラスト)の厚さの比較(石窯風190℃,強制対流式オーブン160℃設定で9分焼いたもの)。
● 石窯風のオーブン2は庫内に遠赤外線を放射しやすい材質を使用している。
● 石窯風オーブンでは内部がやわらかく,皮が厚い。遠赤外線の放射の多いものは内部がよりやわらかく,皮は少し薄い。

図6-5　パンの内部のかたさと表面の皮の厚さの比較
(対流式オーブンと石窯風オーブン)

石窯の輻射熱を利用して，薄皮ピザがパリッと焼き上がる

かためのパンに適している」といえそうである。

　さらに，**庫内の壁面を遠赤外線の出やすい材質にしたオーブンの場合は，皮は少し薄めで中はやわらかいこともわかった。**

　ピザの本場南イタリアのナポリでは，ほとんどの専門店で，薪を燃やす石窯を使ってピザを焼いている（写真6-6参照）。また，日本のピザ店でも，石窯を設えてピザを焼いているところがある。たぶん，その窯は輻射熱が強く，薄いピザの皮は短時間で表面がパリッと焼き上がるからであろう。手間をかけても，雰囲気とでき上がりのよさを楽しんでいるのだと思われる。

●参考文献●

1）渋川祥子：食品工業，**42**(12)，40，1999
2）木村嘉孝：エレクトロヒート，**152**，14，2007
3）杉山久仁子，渋川祥子：家政誌，**53**，323，2002
4）橋本　篤ほか：日食工誌，**37**，887，1990
5）渋川祥子：エリザベスアーノルド富士財団平成10年報告書，p.97，1998
6）渋川祥子：同上平成9年報告書，p.103，1997

第7章
なぜ？うなぎは「炭火焼き」にするのか

うなぎの蒲焼き風景
老舗では"炭火"を使って焼いている

1 炭火のパワー

炭火の特徴

「ガス」や「電気」が使われる以前の台所では、炭は熱源の主役だった。炭は樹木を蒸し焼きして炭化させたもので、原料の「樹木の種類」や「炭焼きの温度」によってその性質が違う。

炭には、「白炭」と「黒炭」がある。

白炭は炭焼きの温度が高く、最後に「消し粉」をかけて火を消すので表面が白っぽく、炭化の程度が均一でかたい炭であり、たたくと金属製の音がする。樹木の種類としては「カシ」、「ナラ」などが使われる。最近、炭というと備長炭が有名であるが、これは白炭でウバメガシを原料としたものである。

黒炭は炭焼き方法が少し違い、蒸し焼きにした後、窯を密閉して空気を遮断して消火する。炭化が不均一で黒っぽく、やわらかいので火つきがよいが火持ちの悪い炭とされている。「マツ」、「クヌギ」、「ナラ」などの樹木が使われる。

白炭

黒炭

(℃)

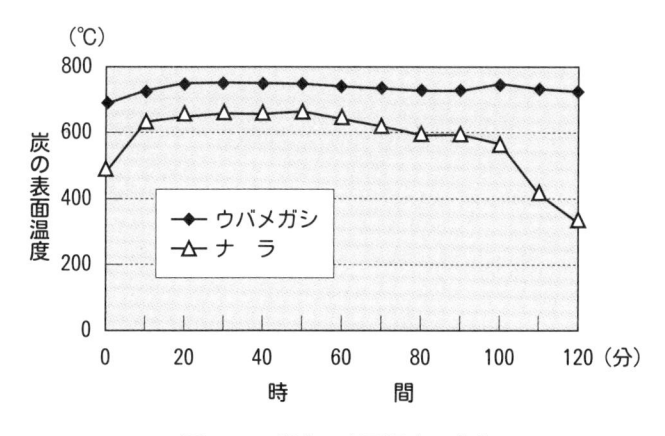

図7-1 炭火の表面温度の変化

炭が燃えているときの表面温度は，炭の種類によって違い，500〜800℃程度である（図7-1）。とくに備長炭は火持ちがよく，七輪で燃焼させた場合，2時間くらいは安定に高温を保つことができる。炭火は扇（あお）いで空気を送ると燃焼が盛んになって温度が上がり，灰をかぶせておくと燃焼が抑えられて弱火になるなど，火加減の調節ができて便利であるといわれているが，

煙がモクモク
サンマが
　焼けた！

1　炭火のパワー

これも「ガス」や「電気」での火加減の調節に比べると熟練を要する技術である。

　表面温度が800℃にもなることは、調理での加熱としては強力であり、炭火の特徴とされている。ちなみに、「300W（ワット）の電気ヒーター」の表面温度は300～400℃程度である。

　一般的に、**炭火加熱**は遠赤外線が出ることが特徴といわれているが、この点については、遠赤外線というよりもむしろ、**放射加熱**（輻射による加熱）である点である。物質のなかで最も効率よく輻射熱を出すものが**黒体**と定義されているが、「火のついた炭火」を測定してみると黒体に似通っている[1]。このことは、**炭火が温度に応じて近赤外線から遠赤外線まで全領域にわたって赤外線を出している**ことになる。

　たとえば、500℃の表面温度の場合は、赤外線のうち、遠赤外線に属する部分の強さが約半分になる（**プランクの法則**）ので、炭火は近赤外線から遠赤外線までの全領域の赤外線を出していることになる。「遠赤外線が出るから」というのは間違いではないが、「近赤外線も遠赤外線も出るから」といったほうがより正しい。

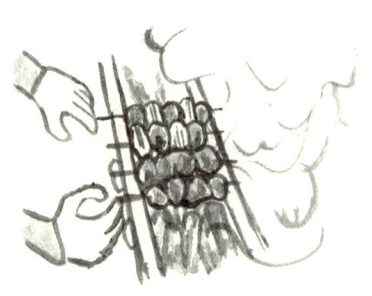

「炭火焼き」が
売り物の
焼き鳥

炭火は調理では主に**焼き物**（魚の塩焼きや，焼き鳥，鰻の蒲焼き，肉の直火焼きなど）に使われ，主として「ガス」や「電気」が台所熱源として使われるようになった今でも，未だに炭火焼きは焼き物をつくるときの最もおいしい方法であると思っている人は多い。そして，焼き鳥・焼き肉店や鰻の専門店などでは，「炭火焼き」を売り物にしているところも多い。

　「ガス」や「電気」を熱源とするのに比べて，**炭火はずっと手間や費用がかかるのに依然として使われ続けているのは**，やはり何か違いがあるのだろう。

　炭火焼きのおいしさの理由がわかれば，そして炭火焼きと同じような焼き方の条件がつくれれば，炭を使うことにこだわる必要がないかもしれない。もっと簡単に炭火焼きのおいしさをつくることができるかもしれない。

　炭火と同じように，火力が強い，放射が強い，輻射熱の半分くらいは遠赤外線である，そのような条件をつくれれば，おいしい焼き物をつくることができるかもしれない。もしかして，炭火で焼いたものがおいしいと思っているのは気のせいかもしれない。

　炭火焼きの秘密については，いろいろな人が予測して次のようなことがいわれている。「遠赤外線が出るからである」，「排ガスに水分が含まれないからである」，「アルカリ性の灰が舞い上がってこれが食品の表面につくからである」などと説明している。でも，これらは何も証明されていない。

　そこで，ぜひとも炭火焼きのおいしさの秘密を解明したいと思って一連の実験をした。その結果をご報告しよう。

2 炭火焼きはおいしいか？

1．炭火と同じ火加減をつくる

「強火でさっと焼いたもの」と，「弱火で時間をかけて焼いたもの」とでは，焼き物のでき上がりが違うのは当然である。炭火焼きがおいしいというのは，これは火加減が強いためかもしれない。そうだとすれば，他の熱源でも火加減を調節するだけで，炭火焼きと同じできばえの焼き物をつくることができるはずである。

そこで，①炭火，②セラミック電気ヒーター，③ガスこんろの焔に直接かざす（ガス火の焔），④ガスこんろの上に黒く塗装した魚焼き網を置いた場合（魚焼き網をのせたガス火）の4種類の熱源を使って，火加減を同じに調節して実験を試みた（「炭火の熱量」を測定して，他の条件でも同じ時間で同じ熱量になるように調節する）。

「②セラミック電気ヒーター」では同じ火加減にするためには300Wのヒーターを4本使わなければならなかった。かなりの強力なヒーターでないと炭火焼きと同じ条件はむずかしいということである。

「③ガス火の焔」ではガス量を調節して同じ火加減にすることができた。

「④魚焼き網をのせたガス火」では，ちょっと弱火加減の強火程度（ガス量5.1L／分）にするとほぼ炭火と同じ火加減（熱量）

になった。

2．焼き色やかたさなどが違うか？

これらの条件（①炭火，②セラミック電気ヒーター，③ガス火の焔，④魚焼き網をのせたガス火）で「魚」や「鶏肉」などを焼いてみると，「③ガス火の焔」を除いて，3つの熱源では見かけはほとんど同じ焼き上がりのものができた。「③ガス火の焔」は，焼きむらがあり，黒く焦げた部分と焼き色がつかず生っぽい部分があった。他は3つとも，いかにもおいしそうに均一な焼き色がついていた。この3つは食べたときの肉質にも差が感じられなかった。

そこでまず，これら4つの方法で焼いたときの**熱の伝わり方**を比較してみた。**焼き物は輻射熱で焼くとおいしい**といわれているので，**輻射熱の強さ**を測定した。その結果，輻射熱の割合（放射伝熱の割合）は，「③ガス火の焔」では，非常に小さい（約17％）が，その他3つの加熱法ではほとんど同じで80％程度であった。先に述べた輻射熱の性質（波長）については，「①炭火」は近赤外線から遠赤外線まで含まれており，「②セラミックヒーター」はたぶん遠赤外線が強く（測定していないが，セラミックヒーターなので），「④魚焼き網をのせたガス火」は（測定した分光放射率から考えて）炭火に近い性質と考えられた。

この結果から考えると，**火加減**（**全熱量**）を炭火と同じにして，輻射熱を炭火と同じくらいの割合にできるならば，炭火と同じように焼き上がるのではないかと思われた。焼き上がったものの肉のかたさも測ったし，水分量も測ったが差がなかっ

た[2]。これは，炭火焼きがおいしいのは気のせいか？ でも，**何か違いがあるのではないか？**

3．においが違う？

　機器測定をするよりも人間の**五感**のほうが敏感なこともある。そこで**官能検査**を行った。試料としては，「鶏肉」を選んだ。これは，同じ品質の試料が手に入りやすく焼き色の判定もしやすく，実際に炭で焼くことのある食材だからである。

　まず，見た目でも差のあるⓐ炭火加熱とⓑガス火の焔による加熱を比較すると，これは明らかに差がみられた。「ⓐ炭火」の焼き色がよく，香りもよく，総合的に焼き物としても好まれる結果が出た。

　次に，見た目ではほとんど差の出なかったⓐ炭火加熱とⓒ魚焼き網をのせたガス火による加熱を比較してみた（写真7-1参照）。その結果，「色のつき方」や「内部のやわらかさ」などには差が認められなかったが，**香り**と**総合的な好ましさ**については，16人中12人が「ⓐ炭火」のほうが香りが好ましいと答え，10人が総合的にも好ましいと答えた。この答えの数では統計的にはっきりと「ⓐ炭火」のほうが総合的に好まれると結論することはできないが，その傾向はあるらしい。香りについては，個人の好みの差もあるので，どちらが好ましいかと聞いたのでは違いがあるかどうかはっきりしない。

　そこで次に，ⓐ炭火加熱とⓒ魚焼き網をのせたガス火で焼いた鶏肉の**においの差が感覚的に識別できるか**どうかをテストした。**3点識別試験法**といって，試料を3つ並べ，1つだけ違う

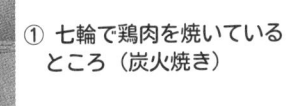

① 七輪で鶏肉を焼いているところ（炭火焼き）

ガスこんろに魚焼き網をのせた場合の熱量を測定

② 火加減を同じにするための熱量の測定

写真7-1　炭火焼きの特徴を知るための実験風景

 もので2つは同じものを出し，違うものがどれかをあてるという方法である。外から中の材料は見えないようにカバーした容器に入れ，においだけ嗅いでテストする。違いがわからないのにあてずっぽに答えたとすれば，正解率は1/3になるはずであるが，**半分以上の人が異なる焼き方を指摘することができた。**これで，両者のにおいの違いが人間の嗅覚で識別できることがはっきりとわかった。この結果から，**炭火焼きとガス火焼きではにおいが違うらしい**ということができる。このことが，炭火焼きがおいしいといわれる原因かもしれない。

　今，食品や化粧品などの品質を測定するのに，**人間の嗅覚に代わる測定機器**がいろいろ工夫されている。そのひとつである

2　炭火焼きはおいしいか？　　131

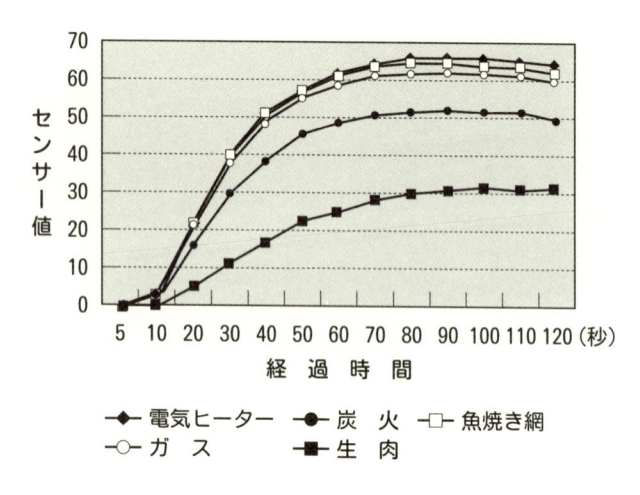

図7-2 炭火焼きのにおい（鶏むね肉の焙焼香）

エレクトロニック・ノーズという名前の分析機器を使って、これらの違いを確認するためににおいの特徴を分析した。その結果も、**炭火焼きとガス火焼きでは明らかに違ったパターンを示し、においが違うことがわかった**（図7-2）。

バーベキューって
ああ
　いいにおい

こうなるとどうしてにおいが違うのかを，もっとはっきりと知りたくなる。食品のにおいの研究では第一人者の研究者と共同で，におい成分の分析（ガスクロマトグラフ質量分析計による分析）を行った。においは非常に多くの微量成分が交じり合って感じるものであり，その組み合わせで人間はよいにおいに感じたり，不快に感じたりする。焼いた鶏肉の表面の部分のにおい成分を詳細に分析して比較した結果，*炭火焼きした鶏肉には，物を焼いたときの香ばしいにおいの成分（ピラジンやピロールの仲間）の比率が多く，どちらかというと青臭いにおいの成分（ヘキサナール）は少ない*ことがわかった（図7-3）。

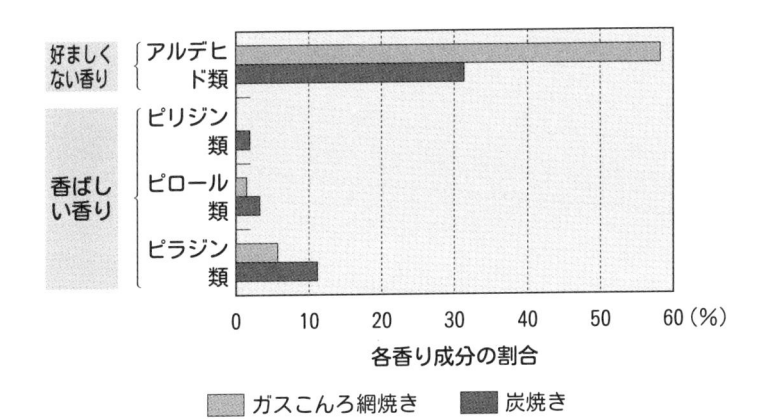

●鶏肉を同じ火加減で炭焼きしたものとガスこんろに網をおいて焼いたものの表面の部分の香りを分析した。香り成分に占める割合で示している。
●炭焼きは香ばしい成分が多く，好ましくない成分が少ない。

図7-3　炭火焼きの香りの違い

におい成分の割合の違いが「炭火焼きのにおいが好まれる原因」らしい。やはり昔からずっと，炭火焼きが焼き物の一番おいしい調理法として用いられていた理由はちゃんと存在するようである[3]。

4．排ガスの成分が違う

でも，「なぜ？」炭で焼くと香ばしいにおい成分が多くなるのだろうか。「温度」もほとんど変わらないし，「焼いている時間」も同じであるのに，どうしてにおいの成分が変わるのか。またまた大きな疑問が出てきた。

以前から，「炭火」と「ガス火」では**排ガス**に違いがあって，それがおいしさをつくる原因ではないかという人がいた。そこで，「排ガスの成分分析」を試みた。これはまたたいへんな仕事なので，大気中のガスの成分を測る専門家の助けを借りて，「炭火が燃えている上部（ちょうど食品を置く位置あたり）の空気」と「ガス火に魚焼き網を置いた場合の上部の空気」の成分分析を行った。

その結果は図7-4に示すとおりである。**炭火**の場合には**一酸化炭素**の含有量と**水素ガス**の含有量が多いことがわかった。両方とも**還元性のガス**であり，これらが多いことが**香り成分の生成**に関係している可能性がある。香り成分の生成は「よい焼き色をつける物質の生成」と関連しているが，この反応経路は非常に複雑であり，「還元性のガス」がそのどの部分にどのようにかかわっているのかは，今はよくわからない。このあたりの反応については，ぜひ，有機化学者の協力を得て解明したい

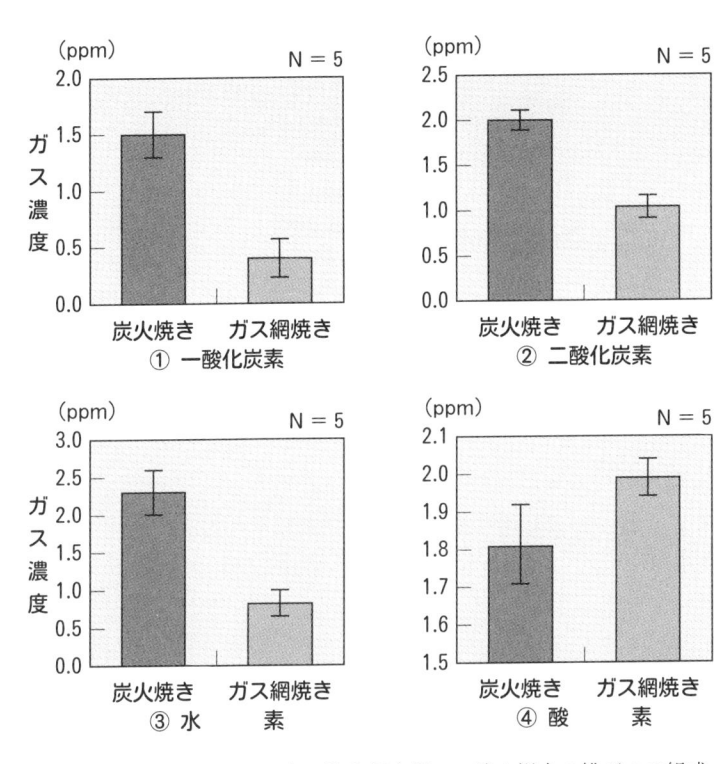

①一酸化炭素 (ppm) N = 5 — 炭火焼き 約1.5、ガス網焼き 約0.4

②二酸化炭素 (ppm) N = 5 — 炭火焼き 約2.0、ガス網焼き 約1.05

③水素 (ppm) N = 5 — 炭火焼き 約2.3、ガス網焼き 約0.85

④酸素 (ppm) N = 5 — 炭火焼き 約1.81、ガス網焼き 約2.0

炭火焼きとガスこんろの上に焼き網を置いて焼く場合の排ガスの組成

図7-4 炭火焼きの排ガス

ところであるが,まだ実現していない。どなたかにお願いしたい。よろしく。

ついでに。**一酸化炭素が非常に毒性の強いガスである**ことは周知のことであるし,炭を燃やすと一酸化炭素が多く発生することは昔からわかっているが,測定を行ってみて,改めて**炭火を利用するときには換気に十分に注意する必要がある**ことがわ

かった。雰囲気のよさと味のよさを求めて，卓上で小さな火鉢に炭火を入れて魚や肉，野菜などを焼くことがあるが，安全には十分に注意を払いたいものである。

　以上のことから，**火力**や**輻射熱**の強さを確保すれば，「炭火焼きに近い焼き物」をつくることができるが，**炭火焼きのにおいにはかなわない**ことが明らかになった。炭火で焼いた鰻の蒲焼きのにおいが他の焼き方とどのように違うかを実証することはできてはいないが，たぶん香りに違いがあるだろうと推測される。

　費用や手間をかけても炭火焼きにするかどうかは，価値観によっても変わるが，やはり「炭火焼きはおいしい」といえそうである。

●参考文献●

1）渋川祥子：食品加熱の科学，p.137，朝倉書店，1996
2）辰口直子ほか：家政誌，**55**，707，2004
3）石黒初紀ほか：家政誌，**56**，95，2005

第8章
鍋の品定め

デパートの鍋売り場
どのお鍋を選ぼうかな？

1 高価な鍋・安い鍋
鍋の材質と特徴

1. 鍋の材質

　今,「一般の家庭の台所」にいくつの**鍋**があるだろうか。ほとんどの家庭にアルマイトの軽い鍋があるだろう。そのほか,お料理に少し凝っている人の台所には,フランス製の重いカラフルなお鍋がデンと鎮座しているかもしれない。デパートの台所用品売り場には,きれいなお鍋が並んでいて,思わず買いたくなる。値段は数千円のものから何万円もするものまである。いいお鍋があるとおいしい料理がつくれるような錯覚にも陥るが,***いったいどんな鍋がいいのだろうか***。これらの特徴は何だろうか。品定めをしてみよう。

　鍋は一般には**金属**でつくられている。これは鍋が「高温」に耐え,一定の「強度」があり,ある程度「加工しやすい」材質

鍋はたくさん
もっているの
だけど‥‥‥

であることが必要であり,そのような性質をもった材料としては金属が向いていたためである。

　歴史をたどると古くは,**土器**や**石器**が使われているが,**鉄**が利用される時代になってからは,「鉄の鍋」が出現している。ポンペイの遺跡（1世紀ごろ）からも今と同じような形の鍋が出土している。生活に必要な基本的な道具の歴史は古いことがわかる。

　その他の材質としては,土鍋などの**陶磁器**,**耐熱ガラス**なども使われているが,その数は限られている。

　鍋に使われる金属は,「アルミニウム」,「鉄」,「銅」,合金である「ステンレス」などがある。家庭用品であるから,あまり高価なものは使えない。

　まず,「熱を伝える性質」や,「耐熱性」を比較してみよう（図8-1参照）。

　「アルミニウム」や「銅」は,熱を伝える性質に優れている（**熱伝導率**が高い）ことがわかる。**熱の伝わり方**は,「銅」が最もよく,それに続いて「アルミニウム」であり,「鉄」はそれに比べてずっと小さく,熱伝導率の面ではそれほど優秀ではない。さらに「ステンレス」は熱の伝わり方が悪い。

　鍋をガス火にかけて,その鍋底の温度むらを比較してみると口絵写真3のようになる。銅やアルミニウムの鍋は温度が均一になるが,鉄やステンレスの鍋は焰(ほのお)のあたる部分は温度が高くなるが,温度の上がりの悪い部分があることがわかる。ついでに,金属以外の材質は,さらに熱の伝わり方が悪く,鍋底の加熱むらは大きくなる。

(W/m・K)

熱伝導率

アルミニウム　銅　鉄　ステンレス

(J/g・K)

比熱

アルミニウム　銅　鉄　ステンレス

(K)

融点

アルミニウム　銅　鉄

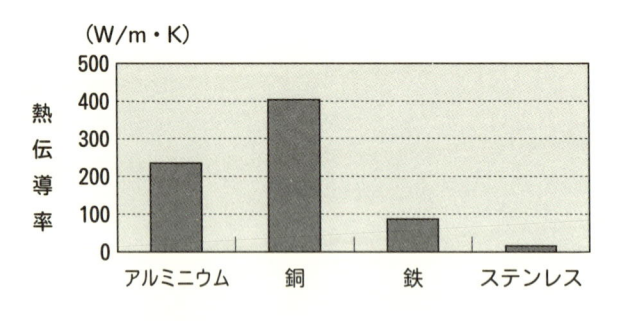

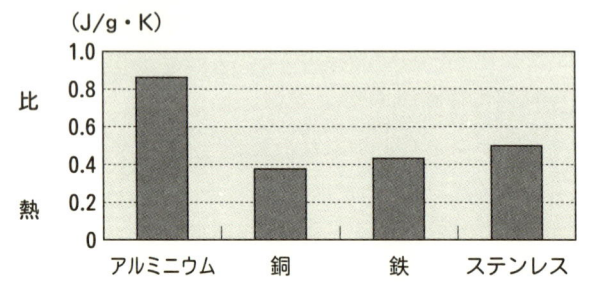

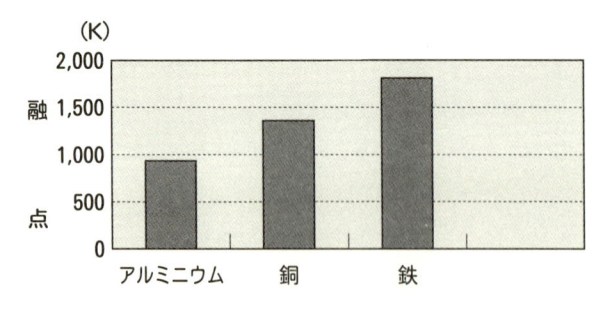

図8-1　金属の性質の比較

耐熱性を比較してみると,「鉄」や「ステンレス」は1,800℃くらいで高いが,「アルミニウム」は約900℃と他の金属よりも低めである。空焚きには耐えられない性質である。

鍋は水や食品を入れるのであるから，錆(さび)のできやすいものは扱いにくい。「鉄」や「銅」は手入れが悪いと錆が出てしまう。「アルミニウム」は，**酸や塩分**に弱いので，食品によっては使用することが適さないものもある。

　鍋の**製造面**から考えると，加工が簡単で値段の安いものがよい。「鉄」や「アルミニウム」は加工しやすく値段も比較的安いことが利点である。鍋のつくり方は，大きく分けると「金属の板から加工するもの」と，「溶かした金属を型(かた)に流してつくるもの（鋳物(いもの)）」とがある。一般に，「金属板からつくる鍋」は薄手であり，「鋳物の鍋」は厚くてずっしりと重い。

　また，鍋は時間をかけてじっくり煮込んだり，温度を保っておいたりできることも，使い方によっては長所となる。いわゆる「熱を保つ性質」（**保温性**が高い，**熱容量**が大きい）も鍋の性質として考えなければならない。この性質は，材質の「温まりやすさ（**比熱**）」と「重さ（**質量**）」が関係してくる。***温まりにくい材質で厚くて重い鍋は，保温性がよい***ことになる。

2．鍋 の 特 徴

　このように考えてみると，どの材質も一長一短ということになる。それらの欠点を少しでも補うようないろいろな工夫をした鍋がつくられている。

　それぞれの鍋について考えてみよう。

　① **アルミニウムの鍋**　　板前さんが使う打ち出し（外側がぼこぼこしている）の厚手の**ゆきひら**（雪平鍋）は，**アルミニウム製**が多い。熱の伝わりがよいので使いやすいが，使ってさっ

と洗ってしまうなど使い方に注意しないと，食品成分に反応して，変色してしまうことがある。家庭用では，同じアルミニウム素材でも，次の「アルマイト」が主流になっている。

② **アルマイトの鍋**　「アルミニウム」は鍋として多くの長所があるが，なんといっても酸やアルカリ，塩分に弱いことが欠点である。そこで，**アルミニウムの表面に酸化皮膜をつくったものがアルマイト**である。薄い酸化皮膜があることで，食品の成分に対して安定になる。軽く，値段も安いことから日本の家庭の台所ではよく使われている金色や銀色をした薄手の鍋である。耐熱性は低めなので，空焚きしないように注意が必要である。

③ **鉄の鍋**　「中華鍋」や「フライパン」には**鉄**が使われていることが多い。鉄は高温に強く，強い火力で使うには適している。欠点は錆びやすいことであり，上手に手入れをする必要がある。焦げつきも起こりやすいので，よく油をなじませて，鉄の表面に油の被膜をつくることが上手な使い方である。現在では，鉄だけでつくられた鍋は少なくなり，他の金属と張り合わせた**グラッド**の材料として使われているものが多い。

④ **銅の鍋**　コックさんは，**銅鍋**を使うことが多い。厨房の壁には磨き上げた鍋が装飾品のように掛けられていたりする。熱の伝わりがよく，煮込み料理をするときには最適な鍋であるが，錆（緑青）が出ることが欠点であり，これも入念な手入れの必要な鍋である。高価な鍋なので，家庭用で使われることは少ない。

⑤ **ステンレスの鍋**　ステンレスは，鉄とクロムおよびニッ

ケルの合金であり，銀色の輝きと錆びにくい性質がとりえ（特長）である。しかし，熱の伝わり方が悪いので，焦げつきが起こりやすい。ステンレスだけでつくった薄手の鍋は焦げつきやすく，多くの場合は，他の金属を内側にして積層した「グラッド材」として使われている。

⑥ **ほうろう鍋**　ほうろう（琺瑯）は，**鉄にガラス質の釉薬（うわぐすり）をかぶせたもの**で，表面はガラス質であるので，食品成分の影響は受けにくいし，何よりも美しい色や柄をつけることができるので楽しい鍋である。熱の伝わり方は，ほうろう質（ガラス質）のために悪い。また，ほうろう質は衝撃に弱いので，欠けやすい。ほうろう質がはがれると鉄がむき出しになり，そこから錆が発生する。

調理した食品を長く入れておいたり，酸が強いものを煮たり（ジャムやミートソース）するには適している。台所設備が整備され美しくなっている現在にはマッチする鍋であろう。

⑦ **グラッド鍋**　金属がそれぞれ長所・短所をもっているのでそれらの欠点を補い合うために，**数種の金属を張り合わせてつくってある鍋**（グラッド鍋）がある。多くは，熱伝導のよいアルミニウムや銅を内側に，食品成分に安定で美しいステンレスを外側に積層してある。3層から7層になったものまである。これらは，値段も高く，重いが，見かけのよさや手入れのしやすさ，熱の伝わり方の均一性などで，優れた鍋である。厚く重いので保温性にも優れている。

⑧ **焦げつかない鍋（テフロン加工）**　アルミニウムや鉄は，油の使い方が悪いと肉や魚・卵などの食材を入れたときに

焦げつきやすいが，表面をフッ素樹脂加工することで**焦げつきにくい鍋（フライパン）**ができている。**アルミニウムや鉄の表面に**フッ素樹脂（テフロン：商品名）**を塗装**してある。現在の塗装状態は改善されているのだが，塗装がはがれるとその効果はなくなるので，金属製のへらや金だわしでこすったりしないように気をつける必要がある。この樹脂の熱の伝わり方は，金属よりも悪いのでこのような加工をした鍋（フライパン）で野菜炒めなどをつくると鉄のフライパンでつくったものよりも水っぽくできばえが悪いことがある。

⑨ 土 鍋　　**陶器でつくった鍋**である。いわゆる鍋物にはこの**土鍋**を使うことが多い。また，鍋物用の土鍋と同様に，お粥用の陶器の「ゆきひら」もある。どうして，鍋物やお粥炊きに土鍋を使うのであろうか。これらは，よく「じっくりと加熱できるので」という説明がなされている。いかにもじっくりと均一に加熱されると思いがちであるが，**陶器なので，熱の伝わり方は悪く（熱伝導率が低い），均一には熱が伝わりにくい**。ガス火にかけたときには，焰のあたるところとその他の部分では温度差が大きくなり（口絵写真3参照），焰のあたるところが焦

おかゆ用のゆきひら

分厚い陶器は
保温性抜群

げやすい。したがって，**じっくり煮るためには火加減をグッと弱くする必要がある**。しかし，陶器は温まりにくい性質（比熱が大きい）であり，分厚く重いので，保温性は優れており（熱容量は大きく），一度温めると後は火を弱くしても温度は下がりにくく，じっくり煮ることができる。

　一般に「鍋物に土鍋を使う」のは，熱源に「炭火」を使っていたときの名残(なごり)ではないだろうか。「炭火」は加熱面が広く，最初は火力が強いがだんだん火が弱くなっていくので，土鍋はこの熱源に適していた鍋だったと思われる。「ガス火」で最後まで火加減を弱くしないでいて，ボコボコと激しく沸騰したり，鍋底が焦げついてしまったりした経験をすることも多いのではなかろうか。ガスや電気を使うようになった今も鍋物に土鍋を使うのは，たぶんその「雰囲気がよい」ことと「保温性が高い」ためであろう。

　「お粥を炊くのに陶器の土鍋（ゆきひら）を使う」のも，保温性がよく，そのまま食卓に運べるためであろう。それに温かさのあるよい雰囲気もでるし。

⑩　ガラス鍋　　透き通った**ガラスの鍋**は，中のものがすっかり見えて，楽しい鍋である。ガラスは本来衝撃に弱く，温度変化にも弱い材質であるから鍋には向かないものであるが，技術の進歩で「耐熱性」が高くなり，ガラス鍋がつくられるようになった。直火にかけられる鍋もある。これも，熱を伝える性質は悪いので焦げつきが起こりやすいし，使いにくい鍋であるが，保温性は高く，見た目も美しいので，その意味での用途がある。

⑪ **鋳物の鍋，鋳物のほうろう鍋**（写真8-1参照）　金属の板を使って押し型で成型したものではなく，型に溶けた金属を流し込んで固めた**鋳物の鍋**がある。「鉄」や「アルミニウム」の材質のものがあるが，これらは**厚くてずっしりと重い**。これらの鍋は厚いので，アルミニウム製でも空焚きに耐えられるし，保温がよいので少量の水分で蒸し煮にしたり，場合によってはオーブンの代用として利用することもできる。

写真8-1　鋳物のほうろうの鍋の例

今，その鋳物の上に，ガラス質をコーティングしたいわゆる**ほうろうのカラフルな鍋**が流行している。これらの鍋は，保温がよいので主に煮込み料理に利用され，火加減をごく弱くしたり，余熱を利用してじっくり加熱する調理に利用されている。

3．どんな料理にどんな鍋を使う？

どのような鍋を使っても，ひとまず料理はできる。でも，**料理に適した鍋**を使うに越したことはない。でき上がりもうまくいくし，場合によっては省エネルギーにもなる。

湯を沸かし，ゆで物をする場合には，熱の伝わりがよく軽い鍋のほうがはやく湯が沸く。したがって，「アルマイト鍋」や「薄手のアルミニウム鍋」がよい。

　じっくり煮込む料理には，鍋底の温度むらの少ない鍋が焦げつきにくくて向いている。「厚手のアルミニウム鍋」や，「銅鍋」，「グラッド鍋」がよい。「鋳物の厚手の鍋」も適している。

　料理したものをそのまま入れておきたいときや，酸味の強い料理を時間をかけてつくるときには，「グラッド鍋（外側がステンレスのもの）」や「ほうろうの鍋」が向いている。

　均一にきれいな焼き色をつけた焼き料理をつくりたいときには，温度むらがないほうがよいので，「厚手のアルミニウム」や「グラッドの厚手のフライパン」がよく，テフロン加工をしてあると焦げつきも起こりにくいし，手入れも簡単である。「鉄」の場合にはかなりの厚みがないと均一に焼けない。

　炒め物のようにさっと強火でかき混ぜながら加熱するときには，強い火力に耐えられる「鉄の薄手のフライパンや中華鍋」がよい。

中華鍋で鍋振り
強い火力で
手早く炒め物

天ぷら鍋は,「厚手の鉄製鍋」が使われるが,これは保温性が大きいため具を入れたときの温度変化が少なく,上手に天ぷらができるからである。薄手の鍋でこまめに火加減を変えて適温を保つことはむずかしいので,厚い鍋（熱量量の大きい鍋）を使うほうがうまくいく。

2　スカートをはいた鍋（保温鍋）

　保温力を上手に使って料理するための鍋がある。すなわち,保温性を高めるように工夫した鍋である（写真8-2）。
　市販されているもののひとつは,鍋よりもひとまわり大きい「輪っか」があり,火にかけて加熱した鍋をその「輪っか」の

スカートをはかせた鍋
鍋よりひとまわり大きい「輪っか」に温まった鍋を入れる。

① 博士鍋（筒型）　　　② 魔法瓶型保温鍋
写真8-2　保　温　鍋

中に入れておくと温度が下がりにくいことを利用している。この鍋を考案された物理学者の方の表現を借りれば「スカートをはかせた鍋」(博士鍋ともいわれた)であり，商品化されている。

そのほかでは，大きい「魔法瓶の構造をもった外鍋」と「ステンレスの内鍋」があり，内鍋を火にかけて加熱したのち，外鍋の中に入れて保温しておくものである。

これらは，「保温力があるとはいえ，温度は徐々に下がる」ので加熱し続けるときと比べて，**調理時間は長くなる**(表8-1参照)。この点は欠点であるが，ほかにいろいろと利点がある。加熱して保温に入れば，そのまま置いておけばいいので，**手間もかからないし省エネルギー**になる。こんろの火口の数が足りないときには，こんろから外しておけば，**こんろは他の料理に使うことができる。危なくもない。**そのうえ，**食品が煮崩れしないとか味がしみ込みやすい**といった特徴もあるし，ついでに**食品によってはビタミンの破壊も少なかった**[1] (図8-2参照)。時間はかかるけれどよいところだらけの鍋ということになる。

煮崩れしにくいのは，「火にかけている」と鍋の中の水(煮

表8-1 保温鍋の加熱時間とガス消費量の例　　　　　　(分)

食　材	保温鍋調理時間			普通鍋調理時間	保温鍋のガス消費量の普通鍋に対する割合
	加熱時間	保温時間	合計	加熱時間	
だいこん	10	30	40	18	70%
じゃがいも	10	40	50	18	82%
鶏　肉	4	10	14	10	72%

だいこん，じゃがいも，両方とも2cmの角切り，鶏肉は2cm角，厚さ1cm

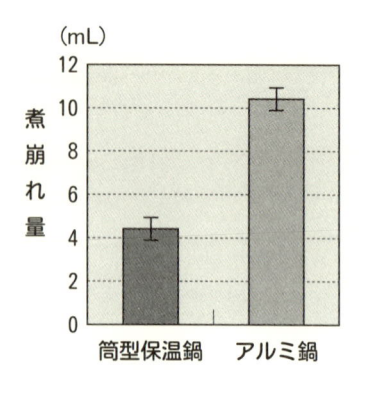

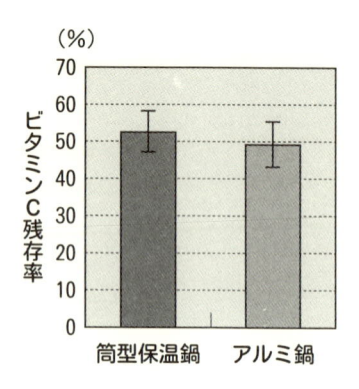

じゃがいもを2cm角に切り，ゆでた場合，保温鍋で煮ると煮崩れも少なく，ビタミンCもたくさん残っている。

図8-2　煮崩れ量とビタミンCの残存率

汁）が**対流するので食材が動く**が，「保温している」ときには**対流は非常に静かになる**ので，食材がぶつかりあって煮崩れが起こりにくいためである。「味のしみ込み」については，**調味料の成分は，煮汁の温度が下がるときに食材の中にしみ込みやすい**といわれているし（ソレー効果として理論的にも証明されている），おまけに保温調理する場合は調理時間が長くなることもあって，味がしみ込みやすい。

　煮崩れしないし，手間いらずで省エネ調理ができるので，1つもっていると便利な鍋であるが，高い値段を出して買うほどのことはないと思われる場合には，**手づくりでこのような保温鍋をつくることもできる**。手持ちの鍋よりも少し大きい「発泡スチロールの箱」があれば，加熱した鍋を「毛布など」に包み，その箱の中に入れておけば保温鍋と同じように使うことができ

る。賢い主婦の工夫として昔から利用されている。

参考までに,「市販の保温鍋」と「手づくり保温鍋」の温度変化を図8-3に示した。

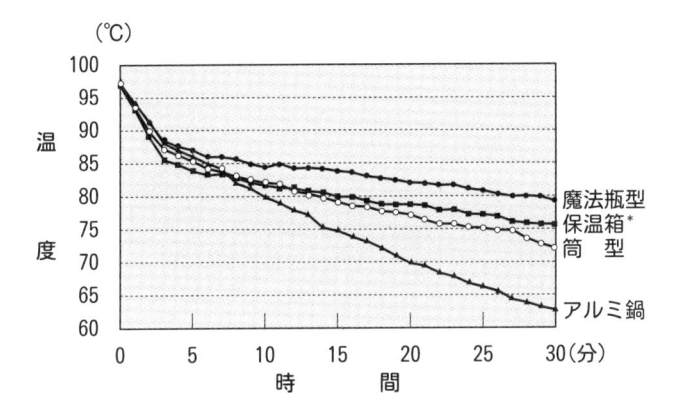

(°C)
魔法瓶型
保温箱*
筒　型
アルミ鍋

* 発泡スチロールの箱のなかに加熱後の鍋を入れて保温する。
室温20°C,水1L
図8-3　保温鍋の温度変化

3　圧力高めて時間を短縮（圧力鍋）

1．圧力鍋の構造

「煮物」をするときや,「ゆで物」をするときの**鍋の中の温度は何°Cくらいになるであろうか。水が十分にある場合は,100°Cを越えることはない。しかし,圧力鍋を使うともっと高い温度で,煮炊きをすることができる。これは,圧力をかけると水**

の沸点が上がるためである。加熱によって水が沸騰して出てくる**蒸気**は，普通の鍋では蓋の隙間から空気中に逃げていくが，その蒸気を逃がさないで鍋の中に溜め込んでいくと鍋内の圧力が上がって，沸騰温度が上がり100℃以上の高い温度にすることができる。「蒸気が逃げないような仕掛けをした」のが**圧力鍋**である。蒸気が逃げないようにパッキンなどで密閉し，圧力に耐えるような構造になっているが，圧力が高くなりすぎると「爆発の危険」があるので，ある程度圧力が高まった点で蒸気を鍋から逃がすような構造になっている。どの製品も安全には十分に気をつけてつくられているが，使うときには注意事項をよく守って使わないと危険である（写真8-3参照）。

　鍋の中の温度は，製品によっても異なるが，110℃〜125℃くらいになる。したがって，「普通の鍋」で煮るよりも**はやくやわらかくなるし，やわらかくなりにくい食材もやわらかくでき**

写真8-3　圧力鍋の例

表8-2 圧力鍋による調理時間とガス消費量の例

調理名 (食品名)	材料の 量など	圧力鍋		普通鍋	
		所要時間 (分)*	ガス量 (L)	所要時間 (分)*	ガス量 (L)
炊　　飯	300g	5−5−(10)**	84.8	14−(14)**	72.2
大　　豆	200g	5−0−5(10)	63.0	6−60(66)	265.8
うずら豆	150g	5−0−2(7)	20.1	5−27(32)	118.0
じゃがいも	たて割/75g	5−3−5(13)	28.5	5−20(25)	65.0

* 所要時間は〔沸騰または蒸気噴出までの時間〕−〔加熱継続時間〕−〔蒸らし時間〕で表した。( )内は合計の時間。
** 炊飯の場合は両方法とも15分蒸らした。この時間は記入してない。
いずれも圧力鍋はピースプレッシャーパン3.8Lを使用し，熱源は都市ガスである。

る。たとえば，魚の骨も食べられるようにやわらかくなるし，長時間煮なければやわらかくならない豆やかたい肉なども，短時間でやわらかくなる。したがって，燃料費も時間も節約でき，省エネルギーにもなる（表8-2参照）。

2．圧力鍋の向き・不向き

圧力鍋では，「どのくらい時間が短縮されるか」を比較したデータを示した（表8-2参照）。**食材によって，とても効果のあるものと，かえっておいしくなくなるものとがある。**「効果抜群のもの」としては，**煮豆**がおすすめである。

① **豆を煮る**　豆類を「普通の鍋」で煮るときには，まず豆を水につけておき，十分に水を吸わせてからコトコトと長い時間煮なくてはならない。時間のかかる料理である。しかし，「圧力鍋」を使うと**短時間**でできる。

大豆の例では，鍋からシュッシュッと蒸気が漏れ始めて数分で火を止め，蒸らせばでき上がる。比較的圧力のよくかかる圧力鍋の例であるが，「時間」は１／４，「ガスの消費量」は１／６になる。そのうえ，圧力鍋で煮た豆は，ねっとりとした感触で味も濃くおいしい。うずら豆なども同じような結果になった。よいことばかりである。

　「ねっとりとして味が濃い」のは，煮る時間が短いため，味の成分やねっとりした感触の成分（**ペクチン質**）が煮汁の中に溶け出さないで豆の中に残っているためである[2]。

　②　じゃがいもをゆでる　　じゃがいもはゆでてからマッシュポテトにしたり，サラダにしたり，さっと炒めたりする場合も多い。このとき「小さく切って」からゆでるとはやくできるが，うま味が逃げてしまう。「大きいまま」ゆでたほうがおいしい。

　時間の節約のために「圧力鍋」を使うと時間ははやくできることがわかった。これも，ひとつの使い方である。しかし，加熱温度が高いために，**マッシュにしたときに粘る傾向**があり，マッシュポテトには向かないが，その他の料理では問題なかった。これも，時間短縮と省エネルギーにはなる[3]。

　③　すね肉や魚を煮る　　長時間煮なくてはならない「すね肉のシチュー」なども時間短縮できるし，「魚を煮る」と，骨まで食べられるようになる。

　④　ご飯を炊く　　あまり圧力鍋の特徴が発揮できない例として，**ご飯炊き（炊飯）**があげられる。少量（２合）の米を炊いたときを比較すると，「普通のアルマイトの鍋」で炊いたほうが，おいしくて時間もかからなかった。これは「なぜ？」で

あろうか。

　圧力鍋は、「ステンレスのグラッド鍋」の場合も「アルミニウムの鋳物」でできている場合も、**圧力に耐えられるように厚手**なので、温まるので時間がかかる（熱容量が大きいため）。したがって、沸騰までの時間が長くなるので、「炊飯時間が長く」なってしまう。そのうえ、圧力鍋で炊いた飯は、「ねっとりともち米のような感じ」になる[4]。米は100℃の加熱で十分に食べやすいおいしい状態になるので100℃以上の温度で加熱する必要がないのである。加熱温度が高すぎたことによってでんぷんが粘りすぎ、米飯としては好まれない結果も出てくる。

　「もともと質のよい、おいしいとされている種類の米」を炊くと圧力鍋で炊いたもののほうが評価が下がった。しかし、「古くなってパサパサしてしまった米」や、「玄米のようにやわらかくなりにくい米」を炊くときには圧力鍋が適している。昭和50年代の初め、日本の米が不作で、輸入米を食べなくてはならなくなったことがあった。当時の輸入米は、「長粒種（イン

圧 力 鍋
便利な性質を
利用して、
時間節約、
エコクッキング

ディカ米）」で，普通に炊くとパサついた飯になる。これを圧力鍋で炊くと粘りが出て，日本の米（短粒種，ジャポニカ米）で炊いたような粘りのある飯を食べることができた例がある。

　圧力鍋は，毎日使う鍋ではないかもしれないが，たいへん便利な性質をもっている。値段は決して安くはないけれど，一生使えるし，台所には1つ備えたい鍋である。

●参考文献●

1）辰口直子，渋川祥子：家政教育研究，p.21, 2000
2）渋川祥子：家政誌，**30**, 5, 1979
3）渋川祥子，鈴木咲枝：調理科学，**18**, 58, 1985
4）渋川祥子：家政誌，**27**, 92, 1976

さくいん

あ行

- ＩＨ……………………………………8,10
- アイスクリームの天ぷら……………27
- 青　菜…………………………………32
- 圧力鍋………………………………151
- アルマイトの鍋………………142,154
- アルミニウムの鍋……………11,141
- 石　窯…………………………63,117
- 石窯焼き……………………………115
- 石焼きいも…………………………114
- い　も…………………………18,50,114
- 鋳物の鍋……………………………146
- 栄養的価値……………………………20
- エコクッキング………………53,155
- エレクトロニック・ノーズ………132
- 遠赤外線……………………105,109,111
- 遠赤外線ヒーター…………………110
- おいしさ………………………………21
- オーブン……………………61,76,80
- オーブンレンジ……………54,60,80
- 温泉卵…………………………………31

か行

- 香　り……………………………130,133
- ガ　ス…………………………3,5,124,134
- ガスこんろ……………………6,10,128
- カスタードプリン……………………92
- 化石燃料………………………………4
- 加　熱…………………………………18
- 過熱水蒸気………………………84,99
- 加熱むら………………………45,54,56
- ガラス鍋………………………11,145
- 火　力……………………………2,136
- 官能検査……………………………130
- 嗅　覚………………………………131
- 強制対流式オーブン
  ………………………64,66,73,98,99
- 近赤外線……………………………111
- 金属鍋………………………………138
- 果　物…………………………………24
- クッキー…………………………72,80
- グラッド鍋……………………143,155
- 黒　炭………………………………124
- ケーキ……………………………78,98
- 糊　化…………………………………18
- 焦　げ…………………………………55
- 小麦粉…………………………………19
- コンベクションタイプ………………66

さ行

- 魚………………………19,24,49,107,154
- 3点識別試験法……………………130
- 自然対流式オーブン…………………65
- 七　輪…………………………………3
- じゃがいも………………………31,108,154
- 蒸　気…………………………………58
- 白　炭………………………………124
- 水蒸気…………………………………84
- 炊　飯………………………………154
- スチーム………………………………57
- スチームオーブン（レンジ）
  …………………………89～94,97,100,101
- スチームコンベクションオーブン
  …………………………89,90,92～101
- ステンレスの鍋………………11,142
- 炭………………………………2,124
- 炭　火………………………124,128,134
- 赤外線……………………………104～106
- 赤外線温度センサー…………………58
- 石　炭…………………………………4
- 石　油…………………………………4
- セラミック（電気）ヒーター…112,128
- ソレー効果…………………………150

た行

- 耐熱性………………………………140
- 対　流………………………………104

対流伝熱	66,71
食べ物の安全	21
食べ物の適温	22
卵	24,30,50
たんぱく質の熱変性	24
茶碗蒸し	92
中華饅頭	93
適温	22
鉄の鍋	11,142
テフロン加工の鍋	143
電気	7,124
電気オーブン	72,76
電気こんろ	8,10
電磁調理器	8
電磁波	37,104
電子レンジ	36,61,80
電子レンジで使える容器	39
電子レンジの賢い使い方	54
電子レンジ便利グッズ	52
伝導	104
伝導伝熱	66,115
伝熱	66
天板	72
天ぷら	16
でんぷん	18,22,51
銅の鍋	11,142
トースト	110
土鍋	11,144

な行

鍋	10,138
鍋振り	13
におい	130
肉	21,24,77,96,154
煮崩れ	149
煮豆	153
熱効率	14
熱伝導率（熱伝達率）	26,68,69,118,139
熱の伝わり方	104
燃料	2
飲み物の適温	22

は行

排ガス（排気ガス）	13,134
博士鍋	148
ハロゲンヒーター	110〜113
パン	19,49,112,115,119
火	2
ヒーター	8
火消しつぼ	4
ピザ	118,121
備長炭	124
輻射（熱）	66,71,104,117,119,126,129,136
フッ素樹脂塗装	144
プランクの法則	118,126
米飯	19,28
放射	104
放射伝熱（放射加熱）	66,71,117,126
ほうろう鍋	11,143
保温鍋	148
ホットケーキ	16

ま行

マイクロ波	37,44,110
薪	2,117
マグネトロン	37
魔法瓶型保温鍋	148
ミートローフ	77
蒸し器	93
蒸す	85
麺	19,33
木炭	2

や行

焼き色	47,107
焼き豚	78
焼く	95
野菜	24
ゆきひら	141
ゆでる	29,94

「クッカリーサイエンス」刊行にあたって

　私たちは毎日，調理をした食べ物を食べているにもかかわらず，「調理科学」という学問分野が世に生まれたのは，第2次世界大戦後のことである。1949（昭和24）年に大学で"調理学"あるいは"調理科学"の授業が行われ始めた。1960（昭和35）年には「調理科学懇談会」として，1967（昭和42）年には「調理科学研究会」が学会の体制を整え，さらに1984（昭和59）年に「日本調理科学会」と名称を改め，調理に関する科学的研究の推進を目的とした学会が発足した。「調理科学」という，これまでになかった新しい学問分野は，よちよち歩きから大きく成長し，学会発足から40周年を迎えた。

　人はだれでも食べ物を食べて栄養素をとり入れ，生命を維持しているが，食べ物はそれだけにとどまるものではない。たとえば，生活の楽しみとなり，会話をはずませて共に食べる人との連帯感を強め，食の文化を継承させていくなど，さまざまな役割を果たしているのである。

　調理科学がとり扱う分野はこのような食生活にかかわりのある，献立をたて，食品材料を集め，調理操作を加え，食卓にのせるまでのきわめて幅広い領域を研究対象としている。この間の調理過程における化学的，物理的，組織学的変化をとらえること，味，香りやテクスチャーの評価，食文化までもが含まれ

ている。日本調理科学会の会員は，それぞれの分野で独自の研究を深め，幅広い分野で生活に密着した興味深い研究を行っている。その成果を社会に発信することは，学会の社会的貢献としての重要な役割であると考えている。

創立40周年を契機として，日本調理科学会員の研究成果のそれぞれを1冊ずつにまとめ，高校生，大学生，一般の方々に，わかりやすく情報提供することを目的として，このシリーズを企画した。生活と密接に関連のある調理科学がこんなにおもしろいものであることを知っていただき，この分野の研究がいっそう盛んになり，発展につながることを願っている。

2009（平成21）年

日本調理科学会刊行委員会
委員長　畑江敬子
江原絢子
大越ひろ
下村道子
高橋節子
的場輝佳

著者
渋川 祥子（しぶかわ・しょうこ）

- 1936年生まれ。広島県出身。
- 1959年　お茶の水女子大学家政学部食物学科卒業
- 鹿児島女子短期大学講師，横浜国立大学教育学部（現・教育人間科学部）講師・助教授，横浜国立大学教育人間科学部教授を経て，現在，横浜国立大学名誉教授，元聖徳大学教授
- 農学博士（東京大学）
- 日本学術会議連携会員

イラストレーション　金澤貴子（かなざわ・たかこ）

クッカリーサイエンス001
加熱上手はお料理上手　－なぜ？に答える科学の目－

2009年（平成21年）6月20日　初版発行

監　修　日本調理科学会
著　者　渋川　祥子
発行者　筑　紫　恒　男
発行所　株式会社 建帛社
　　　　KENPAKUSHA

112-0011　東京都文京区千石4丁目2番15号
TEL (03) 3944-2611
FAX (03) 3946-4377
http://www.kenpakusha.co.jp/

ISBN 978-4-7679-6143-9　C3077　　協同印刷／田部井手帳
© 渋川祥子，2009.　　　　　　　　 Printed in Japan
（定価はカバーに表示してあります）

本書の複製権・翻訳権・上映権・公衆送信権等は株式会社建帛社が保有します。
JCLS ＜㈱日本著作出版権管理システム委託出版物＞
本書の無断複写は著作権法上での例外を除き禁じられています。複写される場合は，㈱日本著作出版権管理システム(03-3817-5670)の許諾を得て下さい。